C·H·Beck

PAPERBACK

Wie groß war das Frankenreich, und wie viele Menschen lebten darin? Sprachen die Franken französisch? Wer aß was zur Zeit Karls des Großen? Woher stammten die Karolinger, und warum heißen sie so? Wie wurde der erste Karolinger König? Wie sah Karls Tagesablauf aus? Wie viele Freundinnen hatte Karl der Große? Wo und wie wurde Kaiser Karl bestattet? Was war eine Königspfalz? Welche Musik spielte die Hofkapelle? Wozu brauchte man im Jahr 800 einen Kaiser? Wie viele Klöster hat Karl gegründet? Wie viele Fremdsprachen sprach der Kaiser? Wie viele christliche Königreiche gab es zur Zeit Karls des Großen? Wie kam man auf die Idee, einen gewalttätigen Krieger heiligzusprechen? Welche Kunstwerke aus der Zeit Karls besitzen wird noch? Hat Karl überhaupt gelebt?

Obwohl alle, die dieses Buch zur Hand nehmen, den Namen Karls des Großen kennen und auch ungefähre Vorstellungen mit diesem bedeutenden Frankenherrscher verbinden, stellen sich doch viele Fragen über dessen Leben und die gesellschaftlichen, politischen, wirtschaftlichen, rechtlichen und religiösen Verhältnisse seiner Zeit, auf die man keine oder zumindest keine fundierte Antwort zu geben wüsste. Deshalb haben sich 1200 Jahre nach dem Tod Kaiser Karls des Großen zwei Spezialisten für die Erforschung des Frühmittelalters daran gemacht, schon einmal die 101 wichtigsten dieser Fragen zu beantworten.

Martina Hartmann ist Stellvertreterin der Präsidentin der *Monumenta Germaniae Historica* und lehrt als außerplanmäßige Professorin für Mittelalterliche Geschichte und Historische Hilfswissenschaften an der Ludwig-Maximilians-Universität München. Im Verlag C.H.Beck liegt von derselben Autorin vor: *Die Merowinger* (2012).
Wilfried Hartmann war bis zu seiner Pensionierung ordentlicher Professor für Mittelalterliche Geschichte an der Eberhard Karls Universität Tübingen. Die Geschichte der Karolingerzeit bildet einen seiner Forschungsschwerpunkte; 2010 publizierte er eine Biographie Karls des Großen.

Martina Hartmann/Wilfried Hartmann

Die 101 wichtigsten Fragen
Karl der Große

Verlag C.H.Beck

Mit 20 Abbildungen, 3 Karten und 2 Stammtafeln

Originalausgabe
© Verlag C.H.Beck oHG, München 2014
Satz: Fotosatz Amann, Memmingen
Druck und Bindung: Druckerei C.H.Beck, Nördlingen
Umschlagabbildung: Karl der Große, Reiterstandbild,
Musée du Louvre, Paris. © akg-images / Erich Lessing
Umschlaggestaltung: malsyteufel, willich
Printed in Germany
ISBN 978 3 406 65893 8

www.beck.de

Inhalt

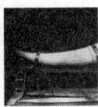

V. Karl als Eroberer

VI. Karl der Kaiser

VII. Karl und die Kirche

VIII. Bildung und Wissenschaft

IX. Das Frankenreich und seine Nachbarn

X. Das Nachleben Karls des Großen

XI. Quellen und Denkmäler aus Karls Zeit

Anhang

I. Die Gesellschaft zur Zeit Karls des Großen

1. Wie groß war das Frankenreich Karls, und wie viele Menschen lebten darin? Diese scheinbar einfache Frage ist nicht leicht zu beantworten. Zwar können wir sagen, dass die Fläche des Reiches ungefähr 1 Million qkm umfasste; dabei muss man aber bedenken, dass es neben den vollständig ins Reich integrierten Gebieten andere, meist sehr dünn besiedelte Landstriche gab, in denen die Franken nur eine Art Oberherrschaft ausübten. Festzuhalten ist, dass Karl die Ausdehnung des Frankenreichs ungefähr verdoppelt hat. Wenn man sich eine Vorstellung von den Entfernungen im Frankenreich machen möchte, so sollte man sich die Distanzen zwischen weit auseinanderliegenden Orten des Herrschaftsraums vergegenwärtigen: Die Strecke von Hamburg bis Rom misst ca. 1600 km, und ebenso weit ist es von Wien bis Barcelona. Dabei ist zu bedenken, dass ein Bote zu Fuß maximal 40 km und als Reiter mit einem guten Pferd kaum mehr als 60 km am Tag zurücklegen konnte.

Absolute Zahlenangaben zur Bevölkerung des gesamten Reiches zu machen, ist unmöglich. Nur für einige Bezirke sind Angaben über die Bevölkerungsdichte möglich, weil es aus dem Gebiet westlich des Rheins einige Güterverzeichnisse von Klöstern gibt, die auch darüber informieren, wie viele Männer, Frauen und Kinder auf dem Besitz dieser Abteien lebten. Auf dieser Grundlage ist errechnet worden, dass auf dem Besitz des Klosters Saint-Germain (heute in Paris) eine Bevölkerung von 34 bis 39 Einwohnern pro qkm gelebt hat (die entsprechende Zahl im heutigen Deutschland beträgt 225, die in Frankreich 97). Freilich darf man auf dieser für die damalige Zeit sicher sehr hohen Zahl keine Hochrechnung aufmachen, denn die Bevölkerungsdichte in der Île de France war zweifellos höher als in den meisten übrigen Regionen des Frankenreichs. Die Bevölkerung verteilte sich sehr unterschiedlich: neben einigen Regionen mit vielleicht ca. 30 Menschen pro qkm, gab es andere mit weniger als zwei Einwohnern. Das Gebiet östlich des Rheins war zum großen Teil sehr dünn besiedelt.

Auch absolute Angaben über die durchschnittliche Lebenserwartung eines Menschen aus der Zeit um 800 sind schwierig. Zweifellos war die Sterblichkeit bei Säuglingen und Kleinkindern äußerst hoch, und auch viele Mütter starben während oder bald nach einer Entbindung. Die Lebenszeit der Männer wurde infolge der zahlreichen Kriege und gewaltsamen Auseinandersetzungen verkürzt. Hinzu kamen Hungersnöte und Seuchen als demographisch wirksame Faktoren.

Man kann auch nicht generell sagen, dass Personen aus der Oberschicht größere Chancen auf ein langes Leben hatten als solche aus der Unterschicht. Bei einigen Angehörigen der karolingischen Familie können wir jedoch genaue Aussagen über ihr Lebensalter machen: Karl der Große starb wahrscheinlich in seinem 66. Lebensjahr; sein Sohn und Nachfolger Ludwig der Fromme wurde 62, aber dessen Brüder wurden nur 33 (Pippin) bzw. 39 (Karl der Jüngere); Pippin der Bucklige starb mit 41 Jahren. Von den Söhnen Ludwigs des Frommen erreichte Ludwig der Deutsche das höchste Alter, er wurde ca. 70, während Lothar I. mit 60 und Pippin mit ca. 40 Jahren verstarb; Karl der Kahle wurde 54 Jahre.

Keine der Karolingerinnen (Königinnen oder Königstöchter) wurde älter als 65; viele von ihnen sind im Alter zwischen 30 und 44 Jahren gestorben, die meisten wahrscheinlich bei der Geburt eines Kindes. Königinnen in der Merowingerzeit erreichten dagegen mitunter ein hohes Alter: Chrodechilde, Ingoberga und Radegunde wurden ca. 70, Arnegunde, Brunichild, Ultrogotho und Balthild über 60 Jahre alt.

Da die Bußbücher – Sündenverzeichnisse, die gleich die Höhe und die Art der erforderlichen Buße nennen – Bestimmungen enthalten, die sich gegen Abtreibung oder Empfängnisverhütung richten, dürfen wir annehmen, dass dergleichen öfter vorkam; Zahlenangaben sind natürlich nicht möglich.

Insgesamt können wir wohl davon ausgehen, dass die Bevölkerung des Frankenreichs zwischen dem 7. und 9. Jahrhundert ein wenig zugenommen hat. Dies war einmal die Folge des damals für die Landwirtschaft günstigen Klimas, das warme Sommer und nicht so strenge Winter brachte. Zum andern dürfte aber auch die Schaffung des karolingischen Großreichs durch Karl den Großen die innere Sicherheit erhöht haben, so dass die Menschen seltener unter Überfällen feindlicher Nachbarn und Versorgungsengpässen leiden mussten (siehe auch Frage 78).

2. Sprachen die Franken französisch? In der Zeit um 800 bildeten die Franken sprachlich wahrscheinlich keine Einheit mehr. Die meisten der in Gallien wohnenden Franken hatten die Sprache der sie umgebenden Romanen angenommen; sie sprachen also eine Art Altfranzösisch, wobei sich die Sprache im Norden sehr stark von der im Süden unterschied. Die weiter östlich wohnenden Franken sprachen die germanische Sprache ihrer Vorfahren. Dies galt auch für die Alemannen, die Baiern, die Thüringer, die Sachsen und die Friesen, deren Sprachen sich aber stark voneinander unterschieden; vor allem Sachsen und Friesen dürften von den südlicher wohnenden Völkern kaum verstanden worden sein. Aber auch im Gebiet des späteren Deutschland gab es noch eine romanischsprachige Restbevölkerung, so etwa im Moselgebiet oder auch im Alpenraum.

Schriftliche Zeugnisse des Altfranzösischen besitzen wir erst aus dem 9. Jahrhundert. Das älteste Zeugnis ist jener Eid, den Ludwig der Deutsche im Jahr 842 vor Straßburg in romanischer Sprache geschworen hat, damit das Heer Karls des Kahlen – seit 840 westfränkischer König und seit 875 römischer Kaiser († 877) – ihn verstehen konnte. Karl hingegen leistete seinen Eid in deutscher (*teudisca*) Sprache, um vom Heer Ludwigs verstanden zu werden.

Das sogenannte Althochdeutsche oder Theodiske ist bereits in einigen Zeugnissen aus dem ausgehenden 8. Jahrhundert schriftlich bezeugt. Das älteste erhaltene Zeugnis ist ein lateinisch-althochdeutsches Wörterbuch (es wird nach dem ersten Wort «Abrogans» genannt), das uns eine Handschrift aus St. Gallen überliefert. Dieses Wörterbuch wurde in der zweiten Hälfte des 8. Jahrhunderts geschrieben und enthält über 3000 althochdeutsche Wörter.

Anlässlich einer Kirchenversammlung im Jahr 786 ist davon die Rede, dass eine Vorschrift sowohl auf Latein (*latine*) als auch in der Volkssprache (*theodisce*) verlesen werden soll.

Karl der Große hat sich um die volkssprachige Dichtung und auch um die bessere Pflege und Vereinheitlichung der Volkssprache gekümmert; er ließ eine Sammlung von volkssprachigen Liedern über die Taten und Kriege der alten Könige anlegen und soll damit begonnen haben, eine Grammatik der Volkssprache ausarbeiten zu lassen. Einhard berichtet auch, dass er den Monaten einheitlich fränkische Namen gegeben habe; auch die Winde seien von ihm mit volkssprachigen Namen versehen worden.

3. Wie war die fränkische Gesellschaft zur Zeit Karls aufgebaut?

Berühmt ist das Wort Karls des Großen aus den Jahren nach 800: Es gibt nur Freie und Knechte. Die Wirklichkeit sah jedoch anders aus, denn es gab zahlreiche Formen von Freiheit und Unfreiheit: Es gab Freigelassene und Sklaven, Halbfreie und Vollfreie und vor allem – es gab auch eine über den Freien stehende Gruppe, den Adel. Die Zugehörigkeit zu einer sozialen Schicht hing mit der Abstammung und mit dem Besitz an Grund und Boden zusammen.

Die Adligen waren meist Großgrundbesitzer; manche von ihnen besaßen in verschiedenen Regionen des Reiches ausgedehnte Ländereien, die sie durch Heirat, Erbgang und königliche Schenkungen erhalten hatten und zu mehren suchten.

Die Freien besaßen meist eine eigene Hofstelle, die ihre Familie ernährte; es gab aber auch Freie, die eine Hofstelle bearbeiteten, die einem Großgrundbesitzer gehörte.

Die Unfreien hingegen arbeiteten zum Teil auf dem zentralen Hof ihres Herrn; manche von ihnen waren aber auch mit einem von ihrem Herrn abhängigen kleinen Bauerngut ausgestattet. Sie mussten neben der Arbeit auf dieser Bauernstelle, für deren Nutzung sie Abgaben in Form von Naturalien zu leisten hatten, auch noch drei Tage in der Woche auf dem zentralen Gut des Herrn Fronarbeit verrichten. Nicht nur weltliche Herren, sondern auch die Kirche verfügte über Unfreie. In jedem Fall waren Unfreie persönliches Eigentum ihrer Herren. Im Fall eines Delikts übten diese richterliche Gewalt über ihre Unfreien aus; die fränkischen Rechtsbücher suchten allerdings zu verhindern, dass ein Herr seinen Knecht mit dem Tod bestrafte. Da im Frankenreich eher ein Mangel an Menschen herrschte, lag es auch nicht im Interesse der großen Grundherren, die Zahl ihrer unfreien Arbeiter durch Todesurteile zu mindern. Alle Unfreien konnten freigelassen werden; ob ihr Los dann tatsächlich besser war als vorher, ist nicht sicher.

Die Freien unterschieden sich vor allem darin von den Knechten, dass sie zur Gerichtspflicht und zur Wehrpflicht herangezogen wurden. Gerichtspflicht bedeutet, dass sie an den mehrfach im Jahr zusammentretenden Gerichtsversammlungen teilnehmen mussten (siehe Frage 11); Wehrpflicht bedeutet, dass sie im Fall eines Krieges zu Heeresfolge verpflichtet waren, also an den vom König angeordneten Kriegszügen teilzunehmen hatten. Da Grafen sowohl Gerichtsherren als auch oberste Heerführer in ihren Amtsbezirken waren, konnten sie Freie so oft verpflichten, an Kriegszügen teilzunehmen oder zu Gerichtsversammlungen laden, dass diesen keine Zeit blieb, ihre Äcker ordentlich zu bestellen, die sie deshalb dem Grafen übertragen mussten. Karl versuchte, durch Herrschererlasse, sogenannte Kapitularien, derartige Missbräuche abzustellen. Es ist aber eher unwahrscheinlich, dass ihm dies gelang. Ob sich durch solche Machenschaften die Zahl der Freien in der Karolingerzeit insgesamt verringert hat, können wir mangels Zahlenmaterial nicht sagen. Die Versuche Karls des Großen, die Freien zu schützen, scheinen aber in diese Richtung zu deuten. Anscheinend haben sich manche Freie in die Abhängigkeit der Kirche geflüchtet, um dem dauernden Druck der Heer- und Gerichtsfolge zu entkommen. Die Kirche hat ihrerseits die Möglichkeit genutzt, freie Bauern auf dem Totenbett zu veranlassen, ihre Güter zugunsten ihres Seelenheils der Kirche zu übertragen. In einem Kapitular klagt Karl der Große darüber, dass auf diese Weise enterbte Kinder aus Not zu Räubern und Dieben geworden seien; daher sollten sich die Priester bei der Beratung ihrer Pfarrkinder zurückhalten.

Jenseits von Adligen, Freien und Unfreien gab es Fremde, die sich länger im Reich Karls aufhielten. Zu dieser Gruppe gehörten nicht zuletzt die Juden, die vor allem als Händler oder Ärzte tätig waren. Deren Schutz versuchten Karl und sein Sohn Ludwig der Fromme durch entsprechende Gesetze zu gewährleisten.

4. Welche Stellung hatten die Frauen in der fränkischen Gesellschaft?

Auch für die Frauen in der fränkischen Gesellschaft gilt, dass ihre Stellung und ihre Lebensbedingungen durch die soziale Schicht bestimmt wurden, in die sie hineingeboren worden waren.

Frauen aus der untersten Schicht, also der der Unfreien oder Hörigen, waren von ihrem Herrn völlig abhängig und hatten kaum Rechte; so konnten sie beispielsweise ohne deren Erlaubnis nicht einmal heiraten. Einhard, der Biograph Karls des Großen, hat sich für unfreie Paare, die ins Kirchenasyl geflohen waren, weil sie heiraten wollten, aber nicht durften, in Briefen an deren Herren eingesetzt.

Die Lebensbedingungen der einfachen freien Frauen dürften sich wenig von jenen aus der Unfreienschicht unterschieden haben. Der tägliche Kampf um den Lebensunterhalt wird das beherrschende Thema gewesen sein. Viele sind wohl bereits in jungen Jahren im Kindbett gestorben. Aus den Quellen erfahren wir freilich nur wenig über Frauen aus dieser Schicht.

Mehr wissen wir über die Frauen von Adel und die Königinnen. Hinsichtlich ihrer Stellung in der Gesellschaft bildet die Zeit Karls des Großen eine Phase des Umbruchs: Während die adeligen Frauen in der Merowingerzeit über ihr eigenes Vermögen verfügen und auch, ohne verheiratet zu sein, einen eigenen Hausstand mit Bediensteten führen konnten – das gilt auch für die Königstöchter –, war dies in der Karolingerzeit nicht mehr möglich: Die adeligen jungen Mädchen mussten sich entscheiden zwischen einem Leben als verheiratete Ehefrau oder einem Leben im Kloster. So lebte Karls Schwester Gisela, für die zweimal eine Eheschließung verabredet worden war, die dann aber nicht zustande kam, schließlich bis zu ihrem Tod im Kloster Chelles bei Paris, wohin sich später auch Karls älteste Tochter Rotrud zurückzog. Zwei weitere Töchter des Königs wurden Äbtissinnen. Und auch jenen, die nicht förmlich als Nonnen eintraten, wurde ein Kloster übertragen, aus dessen Einkünften sie ihren Lebensunterhalt bestreiten konnten; dieses Kloster sollten sie nach dem Tod des Vaters auch zu ihrem Aufenthaltsort machen. Da weder Karl noch seine Söhne oder Enkel ihre Töchter mit ausländischen Königen oder Adeligen verheirateten, spielten die Klöster des Frankenreiches für die Königstöchter eine große Rolle.

Die Töchter des fränkischen Adels hatten eine Chance, zum Aufstieg der Familie beizutragen, wenn sie einen König heirateten; und umgekehrt wählte der Herrscher Frauen aus einflussreichen Familien, um diese an sich zu binden. Die Eltern von Karls dritter Gemahlin Hildegard hatten beispielsweise große Besitzungen im Reichsteil von Karls Ende 771 verstorbenem Bruder Karlmann; der König wollte also mit dieser Eheschließung seine Macht in dieser Region stabilisieren. Später machte er Hildegards Bruder zum Präfekten in Baiern, nachdem er Herzog Tassilo III. abgesetzt hatte und einen loyalen Vertreter der Reichsgewalt brauchte (siehe Frage 45). Karls vierte Gemahlin kam schließlich aus einer mächtigen fränkischen Familie, und Karls Söhne heirateten Frauen aus wichtigen Adelsfamilien in ihren Teilreichen.

Im Unterschied zu ihren merowingischen Vorgängerinnen hatten die Königinnen der Karolingerzeit aber keinen großen politischen Einfluss mehr (siehe Frage 25). Das lässt sich daraus schließen, dass sie in den Urkunden Karls des Großen nicht als Fürsprecherinnen begegnen und keine einzige Königin in der gesamten Karolingerzeit eine Regentschaft wahrnahm.

Wenn die aus Italien stammende Kaiserin Angilberga, die Gemahlin Kaiser Ludwigs II. († 875), über ein größeres eigenes Vermögen verfügte, dann ist das eine Ausnahme in der ganzen Karolingerzeit. Es scheint so, als habe mit Karl dem Großen eine Zeit begonnen, die die Königinnen – wie es später das 19. Jahrhundert in Bezug auf alle Frauen wollte – auf die «3 K» beschränkte: Kinder, Küche und Kirche. Erst mit dem Aufstieg der nachfolgenden Dynastie der Ottonen sollte sich dies im 10. Jahrhundert wieder ändern.

Während wir eine gute Vorstellung davon haben, wie merowingische Königinnen gekleidet waren und welch kostbaren Schmuck sie besaßen, den man ihnen mit ins Grab gab, hat sich kein einziges Grab einer karolingischen Königin erhalten. Wir kennen zwar den Todestag und den Begräbnisort der Königinnen, aber alle Gräber sind später verloren gegangen. So hinterließen die Karolingerinnen ihre nachhaltigsten Spuren, indem sie Klöster gründeten bzw. Kirchen und Klöster förderten.

5. Wie sahen die Siedlungen der Franken aus? Weil die Masse der karolingischen Bauwerke aus Holz errichtet wurde, ist kaum eines erhalten geblieben. Verloren sind auch die meisten Kirchen auf dem Land, und selbst die Königshöfe. In den Quellen wurde besonders betont, wenn eine Kapelle oder auch die Halle in einer Königspfalz aus Stein errichtet wurde. Einige wenige kleine Kirchen aus Stein haben bis heute überdauert – etwa in Germigny (bei Orléans), in Steinbach-Michelstadt oder in Graubünden, sowie natürlich die Pfalzkapelle in Aachen. Große Klosterkirchen oder Bischofskirchen wurden bereits im ausgehenden 8. Jahrhundert aus Stein errichtet, sie sind aber nicht erhalten, so die Klosterkirche in Aniane (Südwestfrankreich) und die Bischofskirche in Salzburg – ein gewaltiger Bau von ca. 66 Metern Länge und 33 Metern Breite (siehe Frage 91).

Die Holzhütten der Bauern bestanden meist nur aus einem fensterlosen Raum und wurden allein durch eine Feuerstelle beleuchtet und beheizt; der Rauch zog durch das Dach ab. Vielfach lebten in diesen Hütten Menschen und Haustiere zusammen; entsprechend mangelhaft war die Hygiene und entsprechend groß die Zahl der dadurch verursachten Krankheiten.

Grundstoffe für die Beleuchtung wie Talg oder Bienenwachs wurden zwar auf dem Land hergestellt, mussten aber den Grundherren abgeliefert werden. Vor allem Klöster und Kirchen hatten einen großen Bedarf, weil viele gottesdienstliche Handlungen zu nächtlicher Stunde stattfanden und in den Kirchen häufig Kronleuchter hingen, die mit Kerzen besteckt waren, und andere Leuchter vor den Reliquienschreinen standen. Der Besuch einer solcherart erleuchteten Kirche wurde daher für einfache Gläubige, die an die Dunkelheit in ihren Behausungen gewöhnt waren, zu einem großen Erlebnis.

Auch mit der Heizung stand es in den Klöstern weit besser als in den Bauernkaten. Dort gab es Kamine und Wärmestuben, für deren Betrieb das Holz von den hörigen Bauern geliefert werden musste. Neben der Wärmestube gab es in den Klöstern meist auch einen Baderaum, obwohl die Mönche nur an Weihnachten und Pfingsten baden durften; auch eine Rasur war ihnen nur selten gestattet. Die karolingischen Herrscher hingegen badeten jeden Samstag und rasierten sich auch regelmäßig ihren Bart; nur den Schnurrbart haben sie stehen lassen.

6. Wie waren die Verkehrsverhältnisse im Frankenreich? Vor allem in Gallien, also im Frankenreich links des Rheins, existierten auch im Frühmittelalter noch immer die Römerstraßen, auch wenn sie oftmals nicht mehr in Stand gehalten wurden. In Germanien hingegen – dem Osten des Reiches – versuchten die Karolinger, Wege anzulegen, auf denen Fuhrwerke fahren konnten. Wichtige Massengüter – wie vor allem Salz – wurden aber meist auf Flüssen befördert, weil die Wagen den schlechten Wegeverhältnissen kaum gewachsen waren. Andere Waren wurden auf Pferde oder Maultiere geladen oder – vor allem wenn Gebirge zu überwinden waren – auf dem Rücken von Menschen getragen.

Es gab durchaus auch Fernhandel, aber der betraf überwiegend wertvolle Güter wie kostbare Stoffe, Gewürze und Waffen oder auch Sklaven. Eine wichtige Route für den Sklavenhandel führte von Böhmen, wo die meist slawischen Sklaven zusammengetrieben wurden, über Mainz und Verdun nach Córdoba; denn vor allem das muslimische Spanien hatte einen großen Bedarf an Sklaven, die im Haus, aber auch in Manufakturen für die Herstellung von Leder und Lederwaren (Schuhe, Taschen) benötigt wurden.

Doch auf den Straßen traf man nicht nur Händler, sondern im 8. und 9. Jahrhundert auch häufig Wallfahrer. So zogen angelsächsische Pilger durch das Frankenreich nach Rom; innerhalb des Frankenreichs hingegen war etwa Tours mit dem Grab des heiligen Martin ein wichtiges Ziel. Theodulf von Orléans, ein enger Mitarbeiter Karls des Großen (siehe Frage 67), stand den Pilgerreisen kritisch gegenüber und schrieb, es sei eine größere Leistung, zu Hause ein gottgefälliges Leben zu führen, als eine Wallfahrt nach Rom oder nach Tours zu unternehmen.

Dennoch schuf man eine gewisse Infrastruktur für die Pilger. So wurden in den Alpen und auch in Italien an der viel begangenen Straße nach Rom Pilgerherbergen, Hospize, errichtet, in denen Wallfahrer übernachten und sich verpflegen konnten.

7. Wie viele Rheinbrücken gab es zur Zeit Karls? Einhard hebt unter den bedeutenden Bauwerken, die Karl hatte errichten lassen, vor allem die Rheinbrücke bei Mainz hervor. Sie sei – entsprechend der Breite des Flusses an dieser Stelle – fünfhundert Schritte lang gewesen. Einhard fährt fort: «Ein Jahr vor Karls Tod verbrannte sie und wurde, da der König bald darauf starb, nicht wieder aufgebaut, obwohl er beabsichtigt hatte, sie durch eine steinerne zu ersetzen.» Eine steinerne Brücke über den Rhein bei Mainz wurde tatsächlich erst im Jahr 1862 für die Eisenbahn errichtet! Dass es so lange dauerte, bis eine steinerne Rheinbrücke gebaut werden konnte, hängt damit zusammen, dass Bau und Unterhalt von Brücken organisatorische Fähigkeiten erfordern. Eine Brücke über den Rhein hatten im ersten nachchristlichen Jahrhundert bereits die Römer gebaut. Die eigentliche Brückenkonstruktion bestand zwar aus Holz, doch ruhte sie auf etwa 20 steinernen Pfeilern, die auf dem Boden des Rheins gründeten.

Eine Brücke über die Donau gab es im frühen Mittelalter überhaupt nicht; Karl der Große hat seine Feldzüge gegen die Awaren deshalb von Schiffen begleiten lassen, auf denen sein Heer immer wieder die Flussseite wechseln konnte. Die Donaubrücke in Regensburg wurde nicht vor der ersten Hälfte des 12. Jahrhunderts, in der Zeit von 1135 bis 1146, erbaut.

In welch schlechtem Zustand Straßen und Brücken aus der Römerzeit im frühen Mittelalter häufig waren, hat der Benediktinermönch Richer von Reims am Ende des 10. Jahrhunderts beklagt: «Auf der Brücke klafften so viele und so große Löcher, dass ... kaum die Ortskundigen hinüberkamen. Der Mann ... legte, wo Löcher waren, den Pferdehufen seinen Schild oder weggeworfene Bretter unter, und ... kam, bald vorwärtsgehend, bald zurücklaufend, tatsächlich mit den Pferden und mir hinüber.»

8. Wie kleidete man sich zur Zeit Karls des Großen? Grundsätzlich war Kleidung in der gesamten vormodernen Zeit Ausdruck der Zugehörigkeit zu einer bestimmten Gesellschaftsschicht oder gar zu einer bestimmten Berufsgruppe. Doch in der Zeit Karls des Großen waren die Unterschiede in der Bekleidung eines Adligen, eines Bauern oder eines Mönchs noch nicht so ausgeprägt. Über das Aussehen von Karls fränkischer Tracht unterrichtet uns Einhard: «Auf dem Körper trug er ein Leinenhemd, die Oberschenkel bedeckten leinene Hosen; darüber trug er eine Tunika, die mit Seide eingefasst war; die Unterschenkel waren mit Schenkelbändern umwickelt ... Im Winter schützte er seine Schultern und seine Brust durch ein Wams aus Otter- oder Marderfell. Darüber trug er einen blauen Umhang.»

Ein Bauer trug ein wollenes Hemd und einen weißen Rock; die Beine waren geschnürt, und er besaß einen Umhang mit Kapuze. Einen solchen Umhang mit Kapuze trugen auch die Mönche; sie hatten jedoch etwas feinere Hemden sowie Unterhosen und Strümpfe, außerdem Sandalen für den Sommer und Holzschuhe oder gar Lederstiefel für den Winter.

Während Karl sich, wie gesagt, ganz einfach kleidete, zeigen die Bilderhandschriften aus der Zeit Ludwigs des Frommen (814–840) oder Karls des Kahlen (840–877), dass diese Herrscher viel aufwendiger gekleidet waren: Sie trugen einen mit Edelsteinen geschmückten Rock mit schmalen Ärmeln, ferner einen geschlitzten Umhang, der von einer Fibel gehalten wurde, darüber hinaus weiße Handschuhe und ein sogenanntes Wehrgehänge um die Hüfte, an dem die Schwertscheide befestigt war.

Die Kleidung der adeligen Damen war insgesamt etwas aufwendiger: Sie trugen ein Untergewand mit weiten Ärmeln und darüber einen Umhang. Um die hochgeschnürte Taille hing ein edelsteinverzierter Gürtel. Der Schleier wurde durch ein Goldband gehalten. Weitere Schmuckstücke waren Ohrringe, Broschen, Halsketten, Ringe und Armbänder. Solche Zeichen des Reichtums fanden sich natürlich bei einfachen Frauen nicht; sie mussten sich mit Holzschuhen und einem langen Kleid begnügen.

Die Herstellung der einfachen Gewänder fand auf den Gutshöfen statt. Dort wurden Flachs und Wolle gesponnen und weiterverarbeitet. Die Lieferung von Textilien gehörte zu den Abgaben, die einzelne Bauern und große Höfe an die Grundherren oder an den König leisten mussten.

Bronzestatuette aus
Metz (um 860)

9. Wer aß was zur Zeit Karls des Großen?   Auch die Speisen sahen
auf dem Tisch eines Adligen anders aus als auf dem Tisch eines
Mönchs oder eines Bauern. Einhard berichtet, dass Karl der Große
vor allem am Spieß gebratenes Fleisch von Wild aß und dass er sich
diese Vorliebe auch nicht von seinen Ärzten ausreden lassen wollte.

Am besten sind wir über die Ernährung der Mönche unterrichtet,
weil in den Klosterordnungen diesbezüglich genaue Vorschriften
erhalten blieben, und auch die Viten von Mönchen, die man als
Heilige verehrte, darüber Aufschluss geben. Nach Walahfrid Strabo,
einem Mönch von der Insel Reichenau, der in der ersten Hälfte des
9. Jahrhunderts lebte, sollten die Mönche nur «etwas Salz, Brot,
Lauch, Fisch und Wein» zu sich nehmen. Für die Bauern war ein Brei
aus Gerste, Hafer oder Hülsenfrüchten (Erbsen, Wicken, Sauboh-

nen) das wichtigste Grundnahrungsmittel. Eier und Geflügel sowie Fleisch von wilden Tieren fanden sich nur auf dem Tisch von Adligen. Bei ihnen gab es auch weißes Brot, während das Gesinde Roggenbrot aß.

Fleisch von Haustieren verspeiste man vor allem im Haushalt eines Adligen oder eines hohen Kirchenmannes. Insbesondere Schweine waren bereits in der Karolingerzeit wichtige Haustiere, doch waren sie viel kleiner und hatten ein weit niedrigeres Schlachtgewicht als heutige Schweine. Ihr Fleisch wurde als Speck und Schinken geräuchert, um es für längere Zeit haltbar zu machen.

Mit dem gleichen Ziel verarbeitete man Milch vielfach zu Käse – ein wichtiges Nahrungsmittel nicht zuletzt für die Mönche, die während der Fastenzeit ja kein Fleisch verzehren durften; neben dem Käse versuchten sie sich mit Fisch schadlos zu halten. Ob das Essen von Geflügel dem Fastengebot widersprach, war umstritten.

Hohe Bedeutung auf dem mittelalterlichen Speisezettel kam Honig und Gewürzen zu. Ersterer war das einzige Mittel zum Süßen von Speisen und zur Herstellung von Met, also Honigwein. Gewürze wie Pfeffer, Kümmel und Gewürznelken hingegen dienten zum Würzen von Fleisch und Wein. Der – vielfach saure – Wein wurde mit diesen Zusätzen eher genießbar, und reichliches Würzen machte das oftmals nicht mehr ganz frische Fleisch bekömmlicher.

Wein und Bier wiederum waren besonders wichtige Getränke; Wasser war, da nicht zuletzt in der Nähe von Siedlungen meist verunreinigt – eher eine Quelle für Krankheiten. So klagten die Mönche von Laon: «Kein Bacchus netzt uns in der Sommerhitze die ausgedörrten Kehlen, unsere Bäuche müssen wir mit ungesundem Wasser füllen.»

Welche Bedeutung der Alkoholgenuss hatte, erschließt sich auch aus den Bußbüchern oder den Anweisungen der Bischöfe für ihre Kleriker und für die Laien, den Bischofskapitularien: Warnungen vor exzessivem Trinken galten gleichermaßen für Laien wie für Kleriker. Im heiteren Kontrast dazu beginnen die zweisprachigen «Sprachführer» (Lateinisch-Griechisch oder Lateinisch-Althochdeutsch) häufig mit dem Satz: «Gib mir zu trinken».

Die traurige Seite des Themas Essen und Trinken bildet der Hunger. Wir wissen, dass es im 8. und 9. Jahrhundert mehrfach zu Hungersnöten kam. Wesentliche Ursachen dafür waren nicht nur die geringen Erträge beim Getreide – es wurde oft nur das Dreifache der

Aussaat geerntet –, sondern auch Viehsterben infolge von Krankheiten und nicht zuletzt die schlechten Verkehrsverhältnisse, die es fast unmöglich machten, größere Mengen von Getreide oder Mehl über längere Strecken in Mangelgebiete zu transportieren. Daher waren regionale Hungersnöte auch nur schwer zu bekämpfen. Die große Hungersnot von 792/93 wollte Karl der Große durch ein Fastengebot eindämmen – aber nicht, um so die Vorräte zu schonen, sondern um Gott durch das Fasten des fränkischen Volkes wieder gnädig zu stimmen.

10. Wie verbreitet war der christliche Glaube im Frankenreich?
Grundsätzlich waren alle Einwohner des Frankenreichs getaufte Christen. Doch gab es an vielen Orten noch Überreste heidnischer Glaubensvorstellungen aus römischer, keltischer oder germanischer Tradition. Solche heidnischen Traditionen zeigten sich bei den Feiern am Jahresanfang oder bei der Sonnenwende im Juni und im Dezember. Aber auch Tagewahl, die nicht mit christlichen Vorstellungen vereinbar war, für bestimmte Ereignisse wie Hochzeiten war weit verbreitet. Und bei der Totenwache wurden noch am Ende des 9. Jahrhunderts im Moselgebiet Bräuche geübt, die aus der heidnischen Tradition stammten.

Zauberpraktiken spielten in der Vorstellung der Menschen vor allem als Schadenzauber eine Rolle: Die wahren Ursachen von Krankheiten, Viehsterben oder Hagelschlag kannte man nicht, und so wurden sie als Folge von Magie verstanden. Bereits in der Admonitio generalis wird 789 verordnet, «dass es weder Wahrsager noch Heil-, Wetter- oder Schutzzauberer geben darf, und wo immer sie sind, sollen sie gebessert oder verurteilt werden». Das heißt aber nicht, dass diese Zauberer ihr Leben verlieren sollten; sie sollten vielmehr am Leben bleiben und die Chance erhalten, durch Reue und Buße dem Kerker zu entrinnen. Erst unter Karl dem Kahlen wurde bestimmt, dass Zauberer getötet werden sollen.

Neben den Christen bildeten im Frankenreich die Juden eine wichtige Religionsgruppe. Versuche zur Bekehrung von Juden gab es anscheinend nicht, vielmehr kennen wir aus dem 9. Jahrhundert mehrere Beispiele, dass sich Christen zum Judentum bekehrt haben. Allerdings konnten sich diese Konvertiten nicht im Frankenreich halten; sie zogen es vor, ins muslimische Spanien zu gehen. Ein Bekenntnis zum Islam hingegen war im Frankenreich nicht möglich.

Die christliche Mission in den Randgebieten betraf in erster Linie die Bewohner der neu eroberten Räume in Sachsen und im Reich der Awaren. Vor der Taufe mussten die Täuflinge eine Formel sprechen, in der sie den alten Göttern absagten und sich zum Glauben an die christliche Trinität bekannten. Diese Formel, das fränkische oder altsächsische Glaubensbekenntnis mit dem Anfang «Forsachistu diabolae» («Sagst Du dem Teufel ab») hat sich bis heute erhalten.

Darüber hinaus verfolgte Karl der Große mit hohem Engagement die Christianisierung im Innern seines Reiches. Diese war vielerorts noch dringend erforderlich, wie einige Briefe des angelsächsischen Missionars und Bischofs Bonifatius († 754) bezeugen. Demzufolge gab es anscheinend sogar noch Priester, die neben christlichen auch heidnische Rituale pflegten; zudem war die Kenntnis der Grundsätze des kirchlichen Rechts nicht eben weit verbreitet, ganz abgesehen davon, wie bereitwillig diese Regeln befolgt wurden – oder eben nicht. Ob sich die Verhältnisse im Laufe der Regierung Karls des Großen in dieser Hinsicht gebessert haben, können wir nicht sagen.

11. Wie funktionierte die Rechtsprechung im Reich Karls des Großen? Die wichtigsten Amtsträger in der karolingischen Gerichtsverfassung waren die Grafen. Sie beriefen mehrmals im Jahr eine Gerichtsversammlung in ihren Amtsbezirken ein, in der Anklagen vorgebracht und gegen Delinquenten verhandelt wurde. Ohne Klage wurde kein Verfahren eröffnet, das heißt, es gab keine Delikte, die *ex officio* (von Amts wegen) vom Grafen oder den von ihm eingesetzten *iudices* (Richter) verfolgt wurden. Es galt das Rechtssprichwort: «Wo kein Kläger, da kein Richter».

Alle Freien der jeweiligen Region waren zum Erscheinen auf der Gerichtsversammlung, dem *Thing* (oder *Ding*), verpflichtet; wenn sie fernblieben, mussten sie ein Strafgeld bezahlen. Die anwesenden Freien hatten keine andere Funktion, als die Herstellung der Öffentlichkeit der Gerichtsversammlung zu gewährleisten; sie bildeten den sogenannten «Umstand».

Der Graf war nicht eigentlich der Richter, aber er war der Vorsitzende und hatte für den rechtmäßigen Ablauf der Versammlung zu sorgen. Die eigentlichen Urteiler waren die sogenannten Rechenbürgen (*rachimburgi*), die über die Verhängung des richtigen Bußgeldes wachen sollten. Karl der Große hat an ihrer Stelle die Schöffen

Kaiser Karl mit dem Schwert als Symbol seiner richterlichen Gewalt (3. Viertel des 15. Jahrhunderts)

eingesetzt – sieben angesehene Männer, die das Urteil formulieren sollten. Wenn wir davon sprechen, dass der verurteilte Delinquent ein «Bußgeld» bezahlen musste, dann muss betont werden, dass diese vor Gericht auszuhandelnde Geldsumme keine Strafe war, sondern vielmehr eine Ausgleichszahlung an den Geschädigten bzw. an dessen Familie. Die Buße ist wohl nur in seltenen Fällen in Form von Münzen bezahlt worden; meist dürfte sie in Form von Naturalien, Vieh oder wertvollen Gegenständen wie etwa Waffen entrichtet worden sein.

Wenn wir nach der Vollstreckung der Urteile fragen, so wird es schwierig: Eigentliche Vollzugsbeamte gab es nicht; letztlich hatte der Kläger selbst durchzusetzen, wozu ihn das Urteil berechtigte, doch in vielen Fällen dürfte es ihm an der Macht gefehlt haben, seinen Rechtsanspruch durchzusetzen. Immerhin war die Zahlung von Bußgeld meist auch mit einer Zahlung an den Richter oder den

König verbunden, so dass beide ein Interesse an der Zahlung besaßen. Und diese Bußgelder waren hoch; für Totschlag belief sich der Betrag auf ungefähr 200 Schillinge – den Gegenwert von 100 Kühen, mithin ein beachtliches Vermögen. Wer nicht bezahlen konnte, musste, wenn ihm nicht seine Verwandten beistanden, in Schuldknechtschaft gehen, verlor also seine Freiheit.

Verhandelt wurden auf der allgemeinen Gerichtsversammlung nur Delikte von Freien. Über Unfreie richtete deren Herr. Über Delikte von Adligen hingegen wurde von einem aus adligen Standesgenossen besetzten Gericht entschieden – so auch beispielsweise über die Anklage gegen Herzog Tassilo von Baiern (siehe Frage 44) von einem Gericht aus fränkischen Adligen.

Auf welches Gesetzbuch stützte man sich in den fränkischen Gerichtsversammlungen? Es gab mehrere Rechtsbücher im Frankenreich. Nach welchem Gesetz man verurteilt wurde, richtete sich nach der Stammeszugehörigkeit. Die Franken hatten die sogenannte *Lex Salica*, das salische Gesetz, das in schriftlicher Form wohl schon seit dem 6. Jahrhundert existierte. Von diesem Rechtsbuch haben sich über 80 Handschriften erhalten. Daneben gab es die *Lex Ribvaria*, das Gesetz der Ripuarier, das für die Franken im Gebiet des Niederrheins galt. Die übrigen germanischen Stämme im Frankenreich – Alemannen, Baiern, Friesen und Sachsen – hatten gleichfalls ihre eigenen Rechtsbücher, die allesamt in der Zeit Karls des Großen sprachlich überarbeitet wurden. Ob sie tatsächlich vor Gericht benutzt wurden, ist indes umstritten. Immerhin heißt es im bairischen Rechtsbuch ausdrücklich, dass jeder Richter ein Exemplar der *Lex Baivariorum* auf seinem Richterstuhl dabeihaben müsse. Daneben kam dem Gewohnheitsrecht eine hohe Bedeutung zu.

Die romanischen Bewohner des Frankenreichs – im Gebiet westlich des Rheins die Mehrheit der Bevölkerung – lebten hingegen nach römischem Recht. Und dieses Recht war in einer Bearbeitung der Kodifikation von Kaiser Theodosius II. (408–450), dem *Codex Theodosianus*, die am Beginn des 6. Jahrhunderts erfolgt war, weit verbreitet; sie wird *Lex Romana Visigothorum* oder *Breviarium Alarici* genannt – also Kurzfassung des (westgotischen) Königs Alarich II. (484–507). Über 70 Handschriften, die vor allem aus Frankreich und aus Italien stammen, haben sich von diesem Gesetzbuch erhalten.

II. Herkunft und Ansehen der Karolinger

12. Woher stammten die Karolinger, und warum heißen sie so? Im frühen Mittelalter hatten selbst die Angehörigen adeliger Familien keinen Nachnamen. Daher bezeichnen wir die Familien nach dem sogenannten Spitzenahn, also dem frühesten prominenten Mitglied. Bei den Karolingern trug diesen Vornamen aber nicht nur Karl der Große, sondern auch schon sein Großvater Karl Martell (lateinisch: der Hammer), der den Vormarsch der Araber nach Europa bei Tours und Poitiers im Jahr 732 aufgehalten hatte (siehe Frage 14).

Die Vorfahren Karls des Großen im 7. und 8. Jahrhundert bezeichnet man auch als Arnulfinger-Pippiniden nach den Personen, die am Anfang von deren Familiengeschichte stehen: Arnulf von Metz (Bischof von 614 bis 629, † 640), der, bevor er die geistliche Karriere wählte, eine Ehe eingegangen war und Kinder hatte, verheiratete seinen Sohn Ansegisel mit Begga, der Tochter des Hausmeiers Pippin des Älteren (um 580-639/40). Am Hof der merowingischen Könige spielten Arnulf und Pippin als Berater des jungen Königs Dagobert I. (623-639) nach 623 eine wichtige Rolle, und Pippin leitete dann in seinem letzten Lebensjahr die Regentschaft für den minderjährigen König Sigebert III. (639-656/57). Mit der Eheschließung von Ansegisel und Begga verbanden sich zwei damals mächtige Familien, von denen die eine im Maasgebiet und die andere im Moselraum den Großteil ihrer Besitzungen hatte. Aus der Verbindung ging ein Sohn hervor, der nach dem Großvater mütterlicherseits Pippin genannt wurde und den man als Pippin «den Mittleren» bezeichnet, um ihn vom älteren Pippin zu unterscheiden und von seinem Enkel, dem ersten karolingischen König und Vater Karls des Großen, Pippin I. Wie sein Großvater wurde Pippin der Mittlere Hausmeier (Verwalter des Königsgutes; siehe Frage 13) des merowingischen Königs (687-714) und übernahm schließlich faktisch die Macht im gesamten Frankenreich. Wenige Jahre nach dem Tod Pippins des Mittleren wurde dann sein Sohn Karl Martell Hausmeier (vor 720-741).

Das den heiligen Aposteln geweihte Kloster in Metz, in dem der Stammvater der Karolinger 640 seine letzte Ruhe fand und das deshalb bald in Sankt Arnulf umbenannt wurde, stieg zu einer wichtigen Grablege der Familie auf; aber auch die gesamte Gegend um Metz gewann an Bedeutung, zumal Arnulfs Sohn Chlodulf, Ansegisels Bruder, ebenfalls Bischof von Metz wurde, auch wenn er einen Sohn namens Aunulf hatte. Arnulf wurde bald als Heiliger verehrt und ist damit der einzige Angehörige der nachmaligen Karolinger mit Ausnahme Karls des Großen, der als Heiliger anerkannt wurde. Später wurden zwei jung verstorbene Schwestern Karls in Sankt Arnulf bestattet, und er selbst ließ dort seine dritte Ehefrau Hildegard und zwei ihrer im Kleinkindalter verstorbenen Töchter beisetzen. Karls illegitimer Sohn Drogo, der 823 Bischof von Metz wurde und in dessen letzten Lebenswochen an der Seite seines Halbbruders Ludwigs des Frommen blieb, bestattete 840 den toten Kaiser in Sankt Arnulf. Erst im Zuge der Französischen Revolution wurden alle diese Gräber zerstört.

13. Was ist ein Hausmeier?

Als in der Spätantike die neuen germanischen Königreiche auf dem Boden des Imperium Romanum entstanden, gab es an jedem Königshof mehrere Ämter wie das des Marschalls, der für die Pferde zuständig war, oder das des Mundschenken, der für die Verköstigung sorgen musste. Das wichtigste und höchste Amt aber war das des *maior domus* (lateinisch: der Älteste des Hauses), woraus sich der Begriff «Hausmeier» entwickelte. Die Hausmeier waren für die Verwaltung des Königsguts zuständig und hatten daher eine Schlüsselstellung am königlichen Hof inne. Im Laufe des 7. Jahrhunderts wurden die Arnulfinger-Pippiniden zur wichtigsten Adelsfamilie im austrischen, d. h. östlichen Teil des Merowingerreiches, die den Königen nicht nur als Berater und Hausmeier zu Seite standen, sondern faktisch die Regierungsgeschäfte erledigten. Sie ernannten die Beamten und stellten Urkunden im Namen des Königs aus. Bald stellten sie die Könige unter ihre Kuratel, nachdem diese immer mehr an Macht gegenüber dem aufstrebenden Adel verloren hatten. Bis zum Jahr 751 begnügten sich die Karolinger aber damit, Hausmeier zu bleiben und nicht selbst das Königtum zu übernehmen, auch wenn das Hausmeieramt mit Pippin dem Mittleren wie ein Königtum vererbt wurde, so dass es zu Zeiten von Karls Vater Pippin noch einen zweiten Hausmeier in Gestalt von Pippins Bruder Karlmann gab. Als Könige haben die Karolinger zwar die anderen Hofämter beibehalten, das Amt des Hausmeiers aber nie mehr vergeben, was sehr bezeichnend ist, denn sie ahnten wohl selbst, dass auch ihnen von einem zu mächtigen Hausmeier hätte Gefahr drohen können.

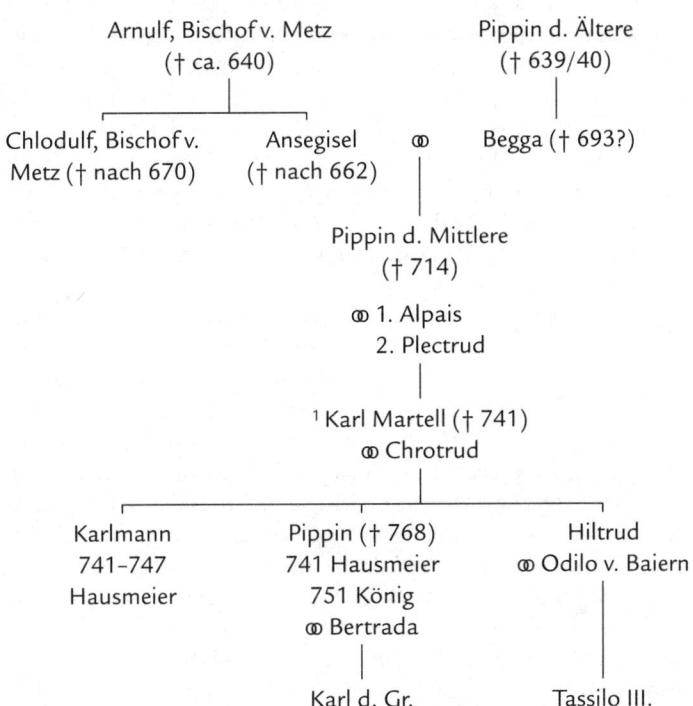

Arnulf, Bischof v. Metz
(† ca. 640)

Pippin d. Ältere
(† 639/40)

Chlodulf, Bischof v.
Metz († nach 670)

Ansegisel
(† nach 662)

∞

Begga († 693?)

Pippin d. Mittlere
(† 714)

∞ 1. Alpais
2. Plectrud

¹ Karl Martell († 741)
∞ Chrotrud

Karlmann
741–747
Hausmeier

Pippin († 768)
741 Hausmeier
751 König
∞ Bertrada

Hiltrud
∞ Odilo v. Baiern

Karl d. Gr.

Tassilo III.

Vereinfachte Genealogie der Vorfahren
Karls des Großen

14. Hat Karl Martell Europa vor den Muslimen gerettet? Der Hausmeier Karl Martell, der seit dem 9. Jahrhundert mit dem Beinamen «der Hammer» von anderen Karolingern mit dem Namen Karl unterschieden wurde, war der Großvater Karls des Großen und der erste Karolinger mit dem Namen Karl. Seinen Beinamen erhielt er wegen seines Sieges über die Araber und Berber in der Schlacht bei Poitiers im Jahr 732. Ein von Nordafrika kommendes Heer aus Muslimen unter der Führung des Feldherrn Tarik (Tariq ibn Ziyad) hatte 711 bei Gibraltar Europa betreten und durch seinen Sieg in der Schlacht bei Guadelete das Westgotenreich zerstört. Bis ca. 720 war es den Arabern und Berbern gelungen, abgesehen von wenigen Gebieten im Norden der Iberischen Halbinsel, diese vollständig zu erobern. Bereits in den folgenden Jahren griffen sie über die Pyrenäen nach Norden aus, eroberten 720 Narbonne und bedrohten Aquitanien, das damals noch nicht zum Machtbereich der pippinidischen Hausmeier gehörte. Nach dem Tod Pippins des Mittleren 714 konnte der aquitanische *dux* (Herzog) Eudo seine Herrschaft bis zur Loire ausdehnen. Eudo gelang 721 ein Sieg über die Muslime bei Toulouse, über den er stolz dem Papst berichtete und dabei mitteilte, dass er bei geringen eigenen Verlusten 375 000 Gegner erschlagen habe. Nachdem die Muslime aber 724 Carcassonne eingenommen hatten und ihnen auch Nîmes in die Hände gefallen war, suchte Eudo zuerst einen Ausgleich mit den Arabern, wurde aber 732 von dem seit 731 amtierenden Statthalter des Kalifen in Spanien, Abd-ar-Rahman, angegriffen. Eudo verlor wichtige Städte wie Bordeaux und Poitiers und musste Karl Martell um Hilfe bitten. Wahrscheinlich befand sich Karl bereits in der Nähe von Aquitanien, um gegen Eudo vorzugehen, als ihn dessen Hilferuf erreichte.

An der Römerstraße, die von Tours nach Poitiers führte, kam es – wahrscheinlich im Oktober 732 – zur Schlacht zwischen Franken und Muslimen. Karl Martell konnte einen Sieg über die «Sarazenen» – wie man in Europa die Muslime damals bezeichnete – erringen, Abd-ar-Rahman wurde erschlagen. In den zeitgenössischen Chroniken des Frankenreichs und auch in England wurde diesem Sieg über die Muslime viel Platz eingeräumt. Die im christlich gebliebenen Nordspanien entstandene «Chronik von 754» spricht von einem Sieg der *Europenses* über die *Arabes* und gebraucht dabei zum ersten Mal den Begriff «Europäer» für die Franken und Burgunder im Heer Karl Martells. Erst in der Karlsvita Einhards (siehe Frage 98) wird der

Sieg von 732 als eine Leistung dargestellt, durch die eine arabische Eroberung des Frankenreichs und eine Fremdherrschaft abgewehrt worden sei. Die Vorstellung, dass Karl Martell ein Vorkämpfer der abendländischen Christenheit gewesen sei, wurde dann vor allem in der Historiographie des 19. Jahrhunderts vertreten. Dass mit dem Sieg von 732 die Expansionsgefahr, die von den Muslimen ausging, noch keineswegs gebannt war, zeigt die Tatsache, dass es auch in den späten 730er Jahren noch Einfälle und Raubzüge der Araber in die Provence gegeben hat, die Karl Martell abwehren musste und die in den zeitgenössischen Chroniken ausführlich als Kämpfe gegen die Ungläubigen geschildert werden. Karl konnte dabei Narbonne, Nîmes, Agde und Béziers den Muslimen wieder abnehmen.

15. Wie wurde der erste Karolinger König?   Karl Martell hatte als Hausmeier die letzten vier Jahre seines Lebens, also von 737 bis 741, ohne König das Frankenreich beherrscht. Erst im Frühjahr 743 setzten seine Söhne Pippin und Karlmann wieder einen Merowinger als König ein. Dieser konnte aber keine selbständige Regierung ausüben, sondern hatte nur noch nominell den Königstitel inne. Nachdem sich 747 Pippins Bruder Karlmann in ein Kloster in der Nähe von Rom zurückgezogen hatte, schien die innere Situation des Reiches so gesichert, dass Pippin den merowingischen König zur Seite schieben und selbst das Königtum annehmen konnte. Wahrscheinlich 750 entsandte Pippin zwei Vertraute nach Rom, um die Zustimmung des Papstes zu seinem Plan zu erwirken. Die fränkischen Reichsannalen (verfasst am Hof Karls des Großen nach 788; siehe Frage 100) berichten darüber Folgendes:

«Bischof Burchard von Würzburg und der Kaplan Fulrad wurden zu Papst Zacharias geschickt, um wegen der Könige in Francia zu fragen, die damals keine Macht als Könige hatten, ob das gut sei oder nicht. Und Papst Zacharias gab Pippin den Bescheid, es sei besser, den als König zu bezeichnen, der die Macht habe, als den, der ohne königliche Macht blieb. Um die Ordnung nicht zu stören, ließ er kraft seiner apostolischen Autorität Pippin zum König machen. Pippin wurde nach der Sitte der Franken zum König gewählt und gesalbt von der Hand des Erzbischofs Bonifatius und von den Franken in Soissons zum König erhoben. Childerich aber, der Scheinkönig, wurde geschoren und ins Kloster geschickt.»

Ob diese Darstellung die Vorgänge von 750/51 tatsächlich richtig

Kampfszene aus dem
Goldenen Psalterium
von Sankt Gallen
(um 900)

wiedergibt, ist umstritten. Ein Teil der neuen Forschung hält sie für eine vom Annalisten erfundene Legende. Ein Problem stellt sicher die angebliche Königssalbung dar, weil bis dahin die fränkischen Könige nicht gesalbt wurden. Allerdings wäre es möglich, dass Bonifatius diese Form der Sicherung der Legitimität eines Königs aus seiner angelsächsischen Heimat mitgebracht hat, wo die Salbung nach alttestamentarischem Vorbild schon länger geübt wurde. Eine Wahl durch die fränkischen Großen dürfte es dagegen durchaus gegeben haben, weil davon auch andere zeitgenössische Quellen berichten. Die Königssalbung könnte Pippin erst anlässlich des Besuchs von Papst Stephan II. (751–757) im Frankenreich erhalten haben, als der Papst ihn und seine beiden Söhne am 28. Juli 754 in St-Denis salbte.

16. Was geschah mit dem letzten Merowingerkönig? Karls Biograph Einhard behauptet im ersten Kapitel seiner Vita, der letzte Merowingerkönig Childerich III. (743–751) habe mit wenigen Bediensteten auf einem Landgut gelebt, er sei mit wallendem Kopfhaar und ungeschnittenem Bart auf dem Thron gesessen und habe nur den Herrscher gespielt, da die Hausmeier die wirkliche Macht innegehabt und an der Spitze der Regierung gestanden hätten. Diese sicherlich übertriebene Darstellung Einhards sollte den letzten König dieser Dynastie, die das Frankenreich begründet und durch viele Eroberungsfeldzüge enorm vergrößert hatte, bewusst verunglimpfen, denn das lange Haupthaar war das besondere Königsmerkmal der Merowingerdynastie. Offenbar bestand im 9. Jahrhundert, als Einhard schrieb, immer noch ein gewisser Rechtfertigungsbedarf der neuen Königsdynastie, so dass der Biograph seine Lebensbeschreibung Karls mit der Schilderung des letzten Merowingerkönigs beginnt, obwohl dieser bereits 17 Jahre vor dem Beginn von Karls Herrschaft abgesetzt worden war. Richtig an Einhards Darstellung ist, dass Childerich im Jahr 751, als Karls Vater Pippin nach der Königskrone griff, keine Macht mehr hatte. Der neue König beseitigte aber nicht etwa den abgesetzten Merowinger, sondern ließ ihn und dessen Sohn Theuderich zum Mönch scheren und in verschiedene Klöster einweisen: Childerich kam nach Saint-Bertin (bei Lille) und Theuderich nach Saint-Wandrille (bei Rouen). Die Christianisierung im Frankenreich hatte sich also immerhin schon so weit durchgesetzt, dass man den politischen Gegner nicht mehr umbrachte, sondern durch Klostereinweisung unschädlich machte. Damit verschwinden der letzte Merowingerkönig und sein Thronfolger gewissermaßen im Dunkel der Geschichte, denn die karolingerfreundlichen Quellen erwähnen nicht einmal mehr, wann die beiden gestorben sind.

17. In welchem Zustand befand sich das Frankenreich in der Mitte des 8. Jahrhunderts? Das Frankenreich war zwar umgeben von einer Reihe von Feinden, die aber alle keine substanzielle Bedrohung darstellten. Die Sachsen, deren Siedlungsgebiet im 8. Jahrhundert noch bis zum Niederrhein reichte, unternahmen gelegentlich Raubzüge nach Westen, versuchten aber nicht, sich dauerhaft im fränkischen Gebiet niederzulassen. Bereits unter den Merowingern war es den fränkischen Königen gelungen, die Sachsen zur Leistung von Tributen zu zwingen. Pippin schließlich hatte seit 758 von den Sachsen jährlich 500 Kühe und 300 Pferde erhalten und sie damit zur Anerkennung einer fränkischen Oberhoheit gebracht; einen Versuch, das sächsische Gebiet in ihr Reich einzugliedern, unternahm er indes nicht.

Auch die Langobarden versuchten nicht, ihr Reich auf Kosten der Franken zu vergrößern; sie begnügten sich damit, in Italien selbst weitere Eroberungen zu machen. Ihre Aktivitäten waren also gegen die Reste byzantinischer Herrschaft und gegen den Papst gerichtet.

Die Muslime, die seit 720 immer wieder über die Pyrenäen nach Norden vorgestoßen waren und sich in Septimanien und in der Provence hatten festsetzen können, wurden von Karl Martell in den 730er Jahren mehrfach besiegt (siehe Frage 14). Nach 740 erfolgten keine weiteren Vorstöße der Araber nach Gallien.

Eher gefährdet war das Frankenreich durch eine ganze Reihe von inneren Kämpfen, denn an seinen Rändern waren seit der Mitte des 7. Jahrhunderts selbständige Herrschaften entstanden, die seinen Einflussbereich verkleinerten. Das galt einmal für Alemannien, dann auch für Baiern und für Aquitanien. Gegen die Alemannen ging Pippins Bruder Karlmann 746 vor, und er ließ eine große Zahl ihrer adeligen Anführer im sogenannten Blutbad von Cannstadt töten. Baiern konnte zwar weiterhin eine von den Franken unabhängige Politik betreiben, aber sein Fürst Tassilo III. (748–788) war als Neffe Pippins eng mit den Karolingern verwandt und dadurch stärker eingebunden.

Einen Krisenherd eigener Art bildete die Kirche, in der sich seit der Schwächung der fränkischen Zentralgewalt manche Missstände breitgemacht hatten. Darüber sind wir vor allem dank der Briefe des angelsächsischen Missionsbischofs Bonifatius gut informiert, der die Notwendigkeit einer Kirchenreform besonders stark betonte. So beklagte er beispielsweise das Fehlen einer Metropolitanverfassung – in den einzelnen Kirchenprovinzen fehlten vielfach die Metropoliten oder Erzbischöfe, die im Hinblick auf Disziplin und Dogmatik Aufsicht über die Bischöfe hätten ausüben können. Bischofsstühle waren mitunter von Laien besetzt, und manche dieser Bischöfe hatten mehrere Diözesen zu verwalten, was gegen das kirchliche Recht verstieß. Verstöße gegen das Kirchenrecht gab es auch in sittlicher Hinsicht; besonders der Zölibat wurde nicht überall eingehalten – vor allem die Priester auf dem Land lebten häufig mit Frauen zusammen. Bonifatius beklagte auch die mangelnde Bildung des

Klerus; so berichtet er dem Papst von einem bairischen Priester, der wegen seiner mangelhaften Lateinkenntnisse *in nomine patria et filia et spiritus sancti*, also «im Namen Vaterland und Tochter und des Heiligen Geistes» taufte. Die Bildungsreform hatte also nicht zuletzt die Aufgabe, die Rechtgläubigkeit mit Hilfe richtiger Orthographie und korrekter Grammatik zu stützen (siehe Frage 71).

III. Karl und seine Familie

18. Wann und wo wurde Karl geboren? Das Jahr der Geburt Karls war lange umstritten. Einen Anhaltspunkt schien die Karlsvita Einhards – eines der bedeutendsten fränkischen Gelehrten aus dem Umfeld Karls des Großen – zu bieten. In seiner Biographie des Herrschers, die jedoch erst mehr als zehn Jahre nach Karls Tod entstand, findet sich die Nachricht, dass Karl am 28. Januar 814 in seinem 72. Lebensjahr gestorben sei. Würde dies zutreffen, so wäre 742 das Geburtsjahr des fränkischen Herrschers. In den zeitgenössischen Quellen wird Karls Geburt nur in einer einzigen Handschrift, den *Annales Petaviani* – Jahresaufzeichnungen für die Zeit von 708 bis 799 –, erwähnt, und zwar für das Jahr 747. Den genauen Tag seiner Geburt nennt nur ein Kalendarium aus der Benediktinerabtei Lorsch in Südhessen; allerdings entstand auch dieses Werk erst in der ersten Hälfte des 9. Jahrhunderts, also mit einem Abstand von rund einhundert Jahren zum mutmaßlichen Geburtstag Karls. Er wird darin mit dem 2. April angegeben. Heute nimmt man allgemein an, dass Karl am 2. April 748 geboren wurde, und zwar deshalb, weil die *Annales Petaviani* bei der Datierung den sogenannten Osterstil beachtet haben; das bedeutet, dass das Jahr 747 für den Annalisten erst am Ostersamstag des Jahres 748 endete, dem 20. April – der 2. April lag für ihn daher noch im Jahr 747!

Warum aber legten die fränkischen Annalisten des 8. Jahrhunderts – Mönche, die die wichtigen Ereignisse eines jeden Jahres verzeichneten – so wenig Wert darauf, Karls Geburtstag in ihren Geschichtswerken festzuhalten? Zum einen spielte im Mittelalter der Geburtstag eines Menschen überhaupt nur eine geringe Rolle; er wurde auch nicht besonders gefeiert. Dagegen wurde der Todestag in Totenbüchern oder Memorialbüchern (Erinnerungsbüchern), die in Klöstern geführt wurden, genau notiert. Denn dieser Tag bedeutete die Geburt zum ewigen Leben, war also für den Menschen viel wichtiger als der weltliche Geburtstag, an dem ja nur das irdische Leben seinen Anfang nahm. Am Todestag pflegten auch die Nachkommen des Verstorbenen zu gedenken, für ihn Gebete zu sprechen oder einen Gottesdienst feiern zu lassen. Dass Karls Geburtstag in den Quellen so selten erwähnt wird, dürfte zum andern auch damit zusammenhängen, dass sein Vater Pippin damals noch Hausmeier des letzten Merowingerkönigs Childerich III. (743–751) war und erst im Jahr

751 selbst fränkischer König wurde; der Geburtstag des Sohnes eines Hausmeiers aber wurde nicht so wichtig genommen.

Den Ort der Geburt Karls kennen wir nicht; ihn nennt keine zeitgenössische Quelle. Aber in den folgenden Jahrhunderten wollten sich zahlreiche Orte in Deutschland, Frankreich und Belgien mit der Ehre schmücken, Karls Geburtsort zu sein. Dieser Wettstreit setzte am Ende des 12. Jahrhunderts ein, als der italienische Geschichtsschreiber und Dichter Gottfried von Viterbo († kurz nach 1190) Ingelheim am Rhein – seit dem 8. Jahrhundert eine bedeutende Pfalz, also ein zeitweiliger Aufenthaltsort eines Herrschers – als Karls Geburtsort nannte.

19. Wie «groß» war Karl der Große, und wie sah er aus? Über das Aussehen Karls und auch über seine Körpergröße gibt Einhard recht genaue Auskunft: «Karl war von breitem und kräftigem Körperbau, dabei von hoher Gestalt, die aber das rechte Maß nicht überstieg. Es ist allgemein bekannt, dass er sieben Fuß groß war. Er hatte einen runden Kopf, seine Augen waren sehr groß und lebhaft, die Nase etwas lang; er hatte schöne graue Haare und ein freundliches, heiteres Gesicht. Seine Erscheinung war immer imposant und würdevoll, ganz gleich, ob er stand oder saß. Sein Nacken war etwas dick und kurz, und sein Bauch trat ein wenig hervor, doch fielen diese Fehler bei dem Ebenmaß seiner Glieder nicht sehr auf. Er hatte einen festen Gang, eine durchaus männliche Haltung des Körpers und eine helle Stimme, obwohl sie nicht so kräftig war, wie man bei seiner Größe hätte erwarten können.»

Wenn Einhard behauptet, Karl sei sieben Fuß groß gewesen, so kann damit nicht die zeitgenössische Maßeinheit gemeint sein, denn dann wäre Karl über 2,20 Meter groß gewesen, da ein karolingischer Fuß ungefähr 33,3 Zentimeter misst. Messungen an den erhaltenen Teilen seines Skeletts haben ergeben, dass er jedenfalls über 1,80 – vielleicht sogar 1,85 – Meter, groß gewesen ist, und damit deutlich größer als die meisten seiner Zeitgenossen. Obwohl Einhard seine Beschreibung von Karls Aussehen zu einem Gutteil mit den Worten der Vita des Augustus in den Kaiserviten des römischen Historikers Sueton (ca. 70 – nach 122 n. Chr.) formuliert hat, dürfen wir annehmen, dass diese Beschreibung mit der Realität einigermaßen übereinstimmt, denn Einhard kannte Karl recht genau, und er musste damit rechnen, dass zur Zeit der Abfassung seiner Vita noch Leute lebten, die gleichfalls Karl persönlich gekannt hatten, also grob falsche Angaben sofort bemerkt hätten. Einige Züge in Einhards Beschreibung – und gerade diese Eigenheiten dürften kaum erfunden sein – sind denn auch nicht besonders schmeichelhaft, wie der Bericht von Karls wahrnehmbarem Bauch und seiner merkwürdig hohen und dünnen Stimme. Nicht bei Einhard erwähnt, aber in einigen bildlichen Darstellungen Karls erkennbar, ist sein Schnurrbart, den er wahrscheinlich nach dem Vorbild des Ostgotenkönigs Theoderich des Großen († 526) trug.

Was Karls Beinamen «der Große» angeht, so kann man sagen, dass er ihm bereits von manchen Zeitgenossen verliehen wurde. So berichtet Einhard, dass die Inschrift auf seiner Grabstätte Karl als *magnus atque orthodoxus imperator*, also als «großen und rechtgläubigen Kaiser» bezeichnet hat, und im kurz nach 840 verfassten Geschichtswerk von Karls Enkel Nithard heißt es: «Karl, seligen Angedenkens, wurde zu Recht von allen Völkern als großer Kaiser (*magnus imperator*) bezeichnet.»

Trotz der Diskussionen, ob es berechtigt ist, eine historische Gestalt, die während ihrer Regierung nicht wenige Menschen umbringen ließ, mit dem Beinamen «der Große» zu versehen, möchten wir daran festhalten, dass Karl ein ganz außergewöhnlicher Herrscher war, weniger wegen seiner umfangreichen Eroberungen als wegen seiner beachtlichen Fähigkeiten zur Verwaltung seines großen Reiches und vor allem wegen seiner Anstrengungen, Bildung und Wissenschaft in seinem Reich zu verankern (siehe Fragen 66, 67 und 71). Hierin liegt unserer Ansicht nach seine Größe.

20. Wie sah Karls Tagesablauf aus? Die wichtigste Quelle zur Beantwortung dieser Frage bietet wieder einmal Einhards Karlsvita. Allerdings schildert sie keinen vollständigen Tageslauf, sondern berichtet vor allem über Karls ausgiebiges Mittagessen, bei dem es vier Gänge mit Fleisch gab, währenddessen entweder Musik gespielt oder aus Geschichtswerken vorgelesen wurde. Beim Trinken, so Einhard, habe sich der Kaiser zurückgehalten; er habe bei den Mahlzeiten selten mehr als drei Becher Wein getrunken und Leute verabscheut, die betrunken waren. Nach dem Essen reichte man im Sommer noch Obst, und dann pflegte der Kaiser zwei oder drei Stunden zu ruhen, nachdem er wie am Abend Kleider und Schuhe abgelegt hatte. In der Nacht wurde sein Schlaf mehrmals unterbrochen; er stand dann auf und empfing seine Freunde oder gab Audienzen. Auch Entscheidungen in Rechtsstreitigkeiten wurden bei Nacht getroffen, und seine Beamten erhielten während dieser Nachtsitzungen ihre Anweisungen.

All diese Schilderungen Einhards dürften sich auf die letzten Lebensjahre Karls beziehen, als er in Aachen seine feste Residenz bezogen hatte und nur noch wenig umherreiste oder Kriegszüge unternahm.

Wenn man nach Karls Zeitvertreib fragt, so muss man vor allem seine Begeisterung für das Schwimmen und für die Jagd erwähnen. Beidem konnte er in Aachen oder in der Nähe dieser Residenz besonders gut nachgehen. Typisch für Karl ist, dass er gern in Gesellschaft schwamm und dabei zu beweisen suchte, dass es niemand in dieser Disziplin mit ihm aufnehmen konnte. Dem entspricht, dass ein dichterisches Werk, das wahrscheinlich kurz nach 800 entstanden ist, davon berichtet, dass Karl auf einer Jagd, an der auch seine Söhne und Töchter sowie zahlreiche Adelige teilnahmen, die meisten und größten Tiere erlegte.

21. War Karl ein Brudermörder? Am 24. September 768 starb Karls Vater Pippin. Er hatte vor seinem Tod das Fränkische Reich, das er seit 751 regierte, unter seinen beiden Söhne aufgeteilt. Karl erhielt die nördlichen Teile Austriens und Neustriens sowie das westliche Aquitanien; sein Bruder Karlmann (geb. 751) Burgund, die Provence, Septimanien, das östliche Aquitanien, Alemannien und das Elsaß sowie in Neustrien das Gebiet um Paris und Soissons. Am 9. Oktober 768 wurde Karl in Noyon und Karlmann in Soissons zum König gesalbt. Jeder der Brüder herrschte völlig selbständig in seinem Reich, doch traten anscheinend von Anfang an Spannungen zwischen ihnen auf, so dass ihre Mutter Bertrada immer wieder vermitteln musste. Diese Situation führte dazu, dass in den Jahren 770 und 771 beide Könige darauf verzichteten, ihr Gebiet in Auseinandersetzungen mit benachbarten Herrschern militärisch zu vergrößern.

Anscheinend war die Nachricht vom Bruderzwist sogar bis nach Rom gelangt, denn seit Sommer 770 richtete Papst Stephan III. seine Briefe nicht mehr an beide Könige zugleich, sondern entweder an Karl und seine Mutter oder an Karlmann. Die Konkurrenz der Herrscher äußerte sich auch darin, dass sie ihre Söhne – beide vielleicht 770 geboren – nach ihrem verstorbenen Vater Pippin nannten: mit dieser Namenswahl dokumentierten sie einen Herrschaftsanspruch, indem sie deutlich machten, dass sie gleichermaßen ihre Söhne in der Nachfolge ihres königlichen Großvaters sahen.

Da verstarb am 4. Dezember 771 ganz unerwartet Karlmann. Karl brachte das Reich seines Bruders sogleich in seine Gewalt und überging dabei die Erbansprüche der Kinder Karlmanns. Das ließ den Verdacht aufkommen, dass Karl am Tod seines Bruders nicht unschuldig gewesen sei, doch in den Quellen finden sich keinerlei Spuren, die solch eine Annahme rechtfertigen würden. Im Gegenteil: Zwar wurde Karlmann nicht in Saint-Denis beigesetzt – der traditionellen Grablege der Merowingerkönige, wo auch noch König Pippin bestattet worden war –, sondern in Saint-Remi in Reims; damit aber wurde ein Wunsch des Verstorbenen erfüllt, der dem Remigiuskloster eine Schenkung gemacht und in der betreffenden Urkunde aus dem Dezember 771 ausdrücklich bestimmt hatte, er wolle in diesem Kloster bestattet werden. Dieses Dokument enthält zudem weitere Hinweise darauf, dass Karlmann sich damals bereits sehr krank fühlte. Und auch die Tatsache, dass Karl seinem dritten Sohn, der wahrscheinlich im Jahr 777 zur Welt kam, den Namen Karlmann gab, spricht gegen den Mordverdacht – wollte der neue Herrscher des Frankenreichs doch offenbar nicht, dass sein Bruder einer *damnatio memoriae* anheimfallen, sein Name also aus dem öffentlichen Bewusstsein verschwinden sollte. Dem widerspricht auch nicht, dass der kleine Karlmann schließlich im Jahr 781 durch Papst Hadrian I. auf den Namen Pippin umgetauft wurde.

22. Was spricht dafür, dass Karl ein Muttersöhnchen war? Als Karl Ende 771 nach dem plötzlichen Tod seines Bruders Karlmann die Macht im gesamten Frankenreich an sich riss, schaltete er seine Mutter Bertrada politisch aus. Die Quellen überliefern nur noch deren Tod am 12. Juli 783 und die Bestattung in Saint-Denis an der Seite ihres 768 verstorbenen Gatten, König Pippins I. Der Kurswechsel des neuen Alleinherrschers lässt sich daran ablesen, dass er sofort das von seiner Mutter eingefädelte Bündnis mit den Langobarden aufkündigte, indem er seine Gemahlin, die Tochter des Langobardenkönigs Desiderius, verstieß und zu ihrem Vater zurückschickte. Karl kehrte damit zur Politik seines Vaters zurück, denn die Allianz mit den Langobarden war Bertradas Werk gewesen, die hoffte, damit ihrem älteren Sohn einen wichtigen Bündnispartner und ein Übergewicht gegenüber seinem Bruder Karlmann zu sichern. An ihren Anstrengungen, die sie zu einer diplomatischen Rundreise nach Baiern, Pavia und Rom veranlassten, wollte man ihre große Sympathie für ihren älteren Sohn ablesen. Offenbar hat Karl die politische Einflussnahme seiner Mutter, die damit wie die politisch aktiven Königinnen der Merowingerzeit handelte, aber nur so lange hingenommen, wie sein Bruder und Rivale um die Herrschaft im Frankenreich lebte, und in dieser Zeit auch gern davon profitiert, dass Bertrada ihn bevorzugte. Da er mit Beginn seiner Alleinherrschaft keiner seiner Ehefrauen größeren politischen Einfluss einräumte, vielleicht mit Ausnahme von Fastrada (siehe Frage 25), scheint er dann aber von einer politischen Mitsprache von Frauen die Nase voll gehabt zu haben. Er war also vermutlich doch kein Muttersöhnchen, sondern eher ein Taktiker der Macht.

23. Welche Rolle spielte die Liebe bei Karls Ehebündnissen?

Wir wissen nicht einmal, ob Karl vier- oder fünfmal geheiratet hat, denn ob er die Alemannin Liutgard, mit der er wohl noch zu Lebzeiten seiner vierten Gattin Fastrada († 794) eine Beziehung einging, auch formell zur Frau nahm, ist fraglich.

Die erste Frau des jungen Königs Karl hieß Himiltrud. Über sie, ihre Herkunft und ihre Abstammung ist leider gar nichts bekannt, außer dass sie Karl einen Sohn namens Pippin gebar. Als Karls Mutter Bertrada für ihren älteren Sohn dann ein Bündnis mit den Langobarden anbahnte, brachte sie ihm im Jahr 770 aus Italien gleich die Tochter des Langobardenkönigs Desiderius als künftige Ehefrau mit. Damit nötigte sie ihren Sohn, Himiltrud zu verstoßen. Wie die Langobardenprinzessin hieß, wissen wir nicht; ganz sicher aber hieß sie nicht Desiderata, wie aufgrund einer falschen Übersetzung gelegentlich behauptet wird. Bereits Ende 771, nachdem sein Bruder Karlmann gestorben war und Karl die Alleinherrschaft über das Frankenreich übernahm, verstieß der König auch diese Ehefrau, als er sich von seinem Bündnis mit den Langobarden abwandte.

Wenige Monate später heiratete er Hildegard, die damals etwa 14 Jahre alt war und deren Eltern im Reichsteil des verstorbenen Karlmann erheblichen Einfluss besaßen – auch diese Ehe war also politisch motiviert. Wenn die Zahl der Kinder erlaubt, auf die Größe der Zuneigung zu schließen, so hat Karl Hildegard wohl sehr geliebt – wurde sie doch in nur elf Ehejahren Mutter von neun Kindern. Sie starb im Jahr 783 mit Alter von nur etwa 26 Jahren. Bis dahin hatte sie Karl auf all seinen Reisen und Feldzügen begleitet, im Gegensatz zu Karls vierter Gemahlin Fastrada, die er nur wenige Monate nach Hildegards Tod heiratete und die aus Franken stammte. Die Historiker des moralinsauren 19. Jahrhunderts haben die schnelle Wiederverheiratung des Frankenkönigs nach Hildegards Tod missbilligt. Aber abgesehen von anderen Erwägungen mag für Karl bei dieser Heirat auch die Überlegung eine Rolle gespielt haben, dass er für seine vielen Kinder wieder eine Frau am Hof brauchte. Mit Fastrada, die ihm zwei Töchter gebar, war Karl ebenfalls elf Jahre verheiratet. Nachdem sie 794 in Frankfurt gestorben war, hatte der König vermutlich nur noch Konkubinen (siehe Frage 24).

24. Wie viele Freundinnen hatte Karl? Die Tatsache, dass Karl schon während seiner Ehe mit Fastrada und dann nach ihrem Tod eine Reihe von Freundinnen hatte, die man nach mittelalterlicher Terminologie als Konkubinen bezeichnet (von lateinisch con/cum ‹mit› und *cumbere* ‹liegen›), war seinem Biographen Einhard offenbar ziemlich peinlich. Nur so ist zu erklären, dass er – weil es wohl nicht zu verheimlichen war – zwar drei von ihnen in der *Vita Karoli* mit Namen nennt, eine vierte dann aber doch unterschlägt; diese jedoch kennt später der Mönch Walahfrid Strabo durchaus noch beim Namen (siehe Frage 99). Auch der Name der nichtehelichen Tochter Ruothaid fiel Einhard rein zufällig nicht mehr ein. Grundsätzlich begegnen in den Quellen aber wohl nur Konkubinen, die Karl Kinder geboren haben, d. h., er dürfte noch mehr als vier namentlich bekannte gehabt haben. Das opulente Liebesleben des großen Königs widersprach damit eindeutig der christlichen Eheauffassung und den Forderungen der Kirche.

Dass die Zeitgenossen Karls Sinnenfreude nicht billigten, mag man daran ablesen, dass bereits wenige Jahre nach seinem Tod eine Quelle entstand, in der diese Ablehnung greifbar wird: Auf der Reichenau wurde die Jenseitsvision eines Mönches namens Wetti aufgezeichnet, der Karl sah, wie ihm von einem Tier die Scham zerfleischt wurde. Wettis Führer durchs Jenseits erklärte ihm die Strafe damit, dass der Kaiser zu seinen Lebzeiten in Sünde gelebt habe.

Wir kennen immerhin nicht weniger als drei illegitime Töchter und drei Söhne mit Namen, wissen aber nicht bei allen, was später aus ihnen wurde. Die größte Karriere machte jedenfalls Drogo, der zum Bischof von Metz aufstieg – Metz war gewissermaßen das «Familienbistum» der Karolinger (siehe Frage 12). Drogo war ein enger Vertrauter von Karls legitimem Sohn und Nachfolger Ludwig dem Frommen und starb einen eher «unbischöflichen» Tod, als er 855 oder 856 beim Angeln in der Maas ertrank. Drogo hatte noch einen Bruder namens Hugo, der später Abt von Saint-Quentin wurde; ihre Mutter Regina war anscheinend die einzige Konkubine, die dem Frankenkönig zwei Kinder gebar. Man hat ihren Namen auch als Spitznamen im Sinne des englischen «Queenie» gedeutet. Da auch Karls Töchter mit ihren Kindern in Aachen lebten ebenso wie die fünf Töchter seines verstorbenen Sohnes Pippin von Italien, dürfte Karls Hof eine markante «weibliche Note» gehabt haben; vielleicht herrschte in seinen letzten Lebensjahren gar ein richtiges «Weiberregiment», das manchem Weggefährten Karls ein Dorn im Auge gewesen sein dürfte. Nach dem Tod des Kaisers beendete jedenfalls sein Sohn und Nachfolger, der fromme Ludwig, diesen Zustand und nötigte alle Frauen, sich in Klöster zurückzuziehen.

25. Welchen politischen Einfluss hatten Karls Ehefrauen? Nachdem Karl seine Mutter als politische Ratgeberin nach dem Tod seines Bruders ausgeschaltet hatte, hat er die politische Einflussnahme von Frauen offenbar stark zurückgedrängt: Seine Gemahlinnen treten jedenfalls nicht einmal als Fürsprecherinnen in Karls Urkunden in Erscheinung; Hildegard, seine dritte Ehefrau, die während ihrer elfjährigen Ehe fast permanent schwanger war, dürfte indes nicht zuletzt wegen dieser Umstände und vielleicht auch wegen ihres jugendlichen Alters wenig an Politik interessiert gewesen sein. Karls vierte Ehefrau, die Fränkin Fastrada, hat den Herrscher zwar im Unterschied zu Hildegard nicht oft auf seinen Reisen begleitet, zumal sie wohl eine schwache gesundheitliche Konstitution hatte, nahm dafür aber am Hof Aufgaben in Vertretung des Königs wahr. Einhard, der zwar erst nach Fastradas Tod (792) an den Hof kam, spricht aus rätselhaften Gründen ganz schlecht von ihr und raunt, die Grausamkeit Fastradas sei der Grund für zwei Aufstände gegen Karl in den Jahren 786 und 792 gewesen; die zweite Erhebung hat immerhin dessen ältester Sohn Pippin der Bucklige angeführt (siehe Frage 41). Doch Karl hat Fastrada offenbar einiges zugetraut, da er ihr beispielsweise den Vorsitz bei einem gerichtlichen Zweikampf übertrug, bei dem sie mit ansehen musste, wie einer der beiden Kontrahenten getötet wurde. In dem einzigen Brief, der aus Karls Feder erhalten blieb und der an Fastrada gerichtet war, schildert der König seiner Frau auch ausgiebig die Kämpfe gegen die Awaren (siehe Frage 97). Darüber hinaus wurde im sogenannten *Capitulare de villis* – einem berühmten Erlass Karls des Großen (Frage 33) – bestimmt, dass die Weisung der Königin mit der des Königs gleichrangig und ebenfalls sofort auszuführen sei.

Nach Fastradas Tod scheint die adelige Alemannin Liutgard – vielleicht Karls fünfte Ehefrau, wahrscheinlich aber nur seine Konkubine (Frage 23) – immerhin in der Lage gewesen zu sein, politisch zu vermitteln, beispielsweise als es darum ging, die riesige Kriegsbeute nach der Eroberung des Awarenreiches unter die Kirchen und Klöster im Frankenreich zu verteilen. Welchen Einfluss Karls am Hof lebende Töchter in den späten Jahren hatten, lässt sich nicht klar erkennen; vermutlich aber waren sie es, die die Entscheidung trafen, den Vater in der Aachener Pfalzkapelle bestatten zu lassen, nachdem der König selbst in jüngeren Jahren Saint-Denis als seine Ruhestätte bestimmt hatte. Dort waren nämlich neben seinem Großvater Karl Martell und seinen Eltern Pippin und Bertrada auch bedeutende Merowingerkönige beigesetzt worden.

26. Wie war das Verhältnis Karls zu seinen Kindern, und wann wurde er zum letzten Mal Vater?

Da die Kindersterblichkeit im Mittelalter hoch war, wurde Kindern, zumal sie oft schon bald nach der Geburt starben, meist keine große Beachtung geschenkt – nicht einmal in der Königsfamilie. Auch Einhard macht darin keine Ausnahme, denn er behauptet, Karls Gemahlin Hildegard habe ihm sechs Kinder geboren. Aus anderen Quellen wissen wir aber, dass es neun waren: Das erste Kind, ein Mädchen namens Adelheid, starb bald nach der Geburt, nicht anders als ein Zwillingsbruder Ludwig des Frommen und ebenso wie das letzte Kind, das nach der Mutter Hildegard genannt wurde, der es bald nach deren Tod im Kindbett folgte.

Der außergewöhnliche Fund eines Säuglingssarkophags in Aachen lässt indes darauf schließen, dass die karolingische Familie auch um die früh verstorbenen Kinder trauerte, und so ließ Karl für die kleine Adelheid sowie für die kleine Hildegard und ihre Mutter, die alle in der alten Familiengrablege Sankt-Arnulf in Metz bestattet wurden, Gedenkinschriften dichten. Auch seinen nichtehelichen Kindern gegenüber hat sich der König verantwortungsvoll gezeigt. Diese konnten zwar keinen Anteil am Frankenreich erhalten, da die Kirche inzwischen durchgesetzt hatte, dass nur die Söhne aus legitimen Ehen des Vaters Könige werden konnten, aber Karl behielt sie am Hof in Aachen und sorgte anscheinend für ihre Zukunft: So wissen wir von einer Tochter aus einem Konkubinatsverhältnis, dass sie Äbtissin eines Klosters wurde, und die beiden spät geborenen Söhne Drogo und Hugo von der Konkubine Regina wurden Bischof von Metz bzw. Abt von Saint-Quentin und Saint-Bertin (siehe Frage 24). Karls Verantwortung und dabei gewiss auch echte Zuneigung zu seinen Kindern und Enkeln lässt sich zudem daran erkennen, dass er die fünf Töchter seines Sohnes Pippin von Italien nach Aachen kommen ließ, nachdem dieser 810 gestorben war, und er auch seinen illegitimen Enkel Ludwig, den Sohn seiner Tochter Rotrud, versorgte.

Über die Erziehung der Kinder berichtet Einhard, dass Jungen wie Mädchen zunächst in den Wissenschaften unterrichtet werden sollten; daneben sollten die Söhne reiten, jagen und den Umgang mit Waffen erlernen, während die Töchter Fertigkeiten im Weben, Spinnen und bei anderen Wollarbeiten zu erwerben hatten. Als immerhin ungewöhnlich darf gelten, dass Karl während eines Zeitraums von 37 Jahren insgesamt 18-mal Vater wurde. Wenn wir aus den Quellen von allen seinen Kindern erfahren, dann hatte er fünf legitime und drei illegitime Söhne sowie sieben eheliche und drei uneheliche Töchter. Als Karl mit der Geburt Pippins des Buckligen zum ersten Mal Vater wurde, war er 22 oder 23 Jahre alt, und bei der Geburt Theoderichs durch seine Konkubine Adallind im Jahr 807 hatte er ein Alter von 59 oder 60 Jahren erreicht.

Im Jahr 810 und 811 starben vier seiner Kinder – der älteste im Kloster lebende Sohn Pippin der Bucklige sowie die als Nachfolger in den Teilreichen vorgesehenen Söhne von Hildegard, Karl der Jüngere und Pippin von Italien, sowie die Tochter Rotrud. Mochte Einhard und der Kirche auch das ausschweifende Triebleben des Herrschers nicht behagen, so weiß der Biograph doch immerhin glaubwürdig vom Schmerz und der Trauer des liebenden Vaters um seine verstorbenen Nachkommen zu berichten.

27. Wer war Karls Lieblingssohn? Karls dritte Gemahlin Hildegard gebar Karl vier Söhne: 772/73 Karl – später «der Jüngere» genannt, um ihn von seinem Vater zu unterscheiden – und dann 777

Pippin, der ursprünglich Karlmann hieß, und schließlich 778 die Zwillinge Ludwig und Lothar, wobei Lothar bald nach der Geburt starb. Der kleine Ludwig wurde im Alter von drei Jahren vom Vater zum Unterkönig von Aquitanien ernannt und auf einem Tragesessel mit einigen Beratern in sein neues Reich gebracht, während der ein Jahr ältere Pippin im gleichen Jahr 781 zum König von Italien erhoben wurde. 806 legte Karl dann die Aufteilung des Frankenreiches unter seine drei Söhne von Hildegard in einem Erlass fest, den die Forschung als *Divisio regnorum* (Aufteilung der Reiche) bezeichnet. Karl der Jüngere sollte demnach das Kerngebiet des Frankenreiches erhalten. Die Gelehrten von Karls Hofkreis rühmten in ihren Gedichten die Tapferkeit und Kriegstüchtigkeit dieses Sohnes, der den Vater schon früh zu den Kämpfen gegen die Sachsen und andere Gegner begleitet hat. Glaubt man Karls Umgebung, so glich Karl der Jüngere seinem Vater am meisten in Aussehen und Wesen und lebte im Unterschied zu seinen Brüdern am Hof, woraus man schließen kann, dass er seinem Vater von allen Söhnen am nächsten stand. Als im Jahr 810 zuerst Pippin von Italien starb und dann im Dezember 811 auch Karl der Jüngere, soll der Kaiser, so Einhard, den Tod seiner Kinder mit weniger Fassung getragen haben, als man von ihm erwartet hatte.

Merkwürdig ist, dass Karl der Jüngere, der bei seinem Tod fast 40 Jahre alt war, im Unterschied zu seinen Brüdern keine Ehe eingegangen ist. Theodulf von Orléans, der zu den engen Vertrauten Karls des Großen zählt, hat in einigen vor wenigen Jahren entdeckten Gedichtzeilen Anspielungen auf homosexuelle Neigungen Karls des Jüngeren gemacht. Demnach dürfte die Kirche weder an dem Liebesleben des Vaters noch an dem des Sohnes viel Freude gehabt haben.

Nach dem Tod Karls des Jüngeren blieb Karl dem Großen nur noch Ludwig, den er zwar zum Mitkaiser erhob, dann aber wieder in sein Unterkönigtum Aquitanien zurückschickte und auch nicht nach Aachen holen ließ, als er spürte, dass seine eigene Zeit gekommen war. Vielleicht wollte Karl diesen Sohn nicht an seinem Totenbett sehen, und er glaubte anscheinend auch nicht, dass Ludwig von ihm Ratschläge für seine Regierung annehmen werde. Aus der Art und Weise, wie Ludwig seine Schwestern und enge Vertraute seines Vaters nach dessen Tod behandelte, kann man durchaus den Schluss ziehen, dass Vater und Sohn einander ziemlich wesensfremd waren. *Pius* – der Fromme – war sicher kein Beiname, den Karl der Große für sich als erstrebenswert erachtet hätte.

28. Warum haben Karls Töchter nie geheiratet? Wieder einmal ist es Einhard, dem wir Äußerungen über Karls Kinder verdanken. Er behauptet, der König habe seine Töchter zu sehr geliebt und sie deshalb nicht verheiratet, um sie immer um sich zu haben. Vielleicht war es aber doch eher politische Klugheit, dass der Frankenkönig keine Schwiegersöhne haben wollte, die wegen ihrer ‹Königsnähe› Ansprüche auf eine Beteiligung an der Macht hätten stellen können. Für zwei Töchter zeichneten sich zwar auswärtige Eheverbindungen ab, die dann aber doch nicht realisiert wurden: 781 wurde Karls älteste, damals sechsjährige Tochter Rotrud mit dem byzantinischen Kaiser Konstantin VI. verlobt und erhielt in den folgenden Jahren sogar Griechischunterricht, um sie auf ihre Rolle als Gemahlin des byzantinischen Kaisers vorzubereiten. Sechs Jahre später wurde diese Verbindung allerdings wieder gelöst, ohne dass die Quellen einen Grund dafür angeben. Zwei Jahre später (789) wünschte dann der angelsächsische König Offa von Mercia eine Eheschließung seines Sohnes mit Karls zweiter Tochter Berta im Gegenzug für eine Heirat seiner Tochter mit Karls Sohn Karl dem Jüngeren. Nach Aussage der Quelle, die darüber berichtet, war Karl der Große über Offas Ansinnen so empört, dass er nicht nur das Heiratsprojekt für seinen Sohn scheitern ließ, sondern auch den englischen Kaufleuten den Zugang zu fränkischen Handelsplätzen verweigerte.

Offenbar wollten Rotrud und Berta aber nicht auf Beziehungen zu Männern verzichten, auch wenn sie nicht heiraten durften: Rotrud wählte sich um 800 einen Grafen namens Rorico, mit dem sie einen Sohn hatte, den sie Ludwig nannte und der später Abt von Saint-Denis wurde. Ihre letzten Jahre verbrachte Rotrud, die noch vor ihrem Vater im Jahr 810 starb, bei ihrer Tante Gisela im Kloster Chelles. Die um 779/80 geborene Berta ging ungefähr zum gleichen Zeitpunkt, nämlich um 800, eine Beziehung zu Karls Freund und Ratgeber Angilbert ein, der damals schon fast 50 Jahre alt war. Sie wurde Mutter der Zwillinge Nithard und Hardnit, wie ja auch schon ihre Mutter Hildegard mit Ludwig und Lothar Zwillinge geboren hatte. Während wir nicht wissen, was aus Hardnit wurde, verdanken wir Nithard eine wichtige Quelle, denn er schrieb die Geschichte des Karolingerreiches nach dem Tod Karls des Großen. Darin schildert er die Bruderkämpfe zwischen den Söhnen Ludwigs des Frommen nach 840; er starb entweder in einer Schlacht in diesem Krieg oder aber im Kampf gegen die Normannen. Bestattet wurde er bei seinem

Vater Angilbert, der die letzten Lebensjahre im Kloster Saint-Riquier verbrachte und wenige Wochen nach Karl dem Großen starb. Über die Liebesverhältnisse der beiden Karlstöchter schweigt Einhard; er erwähnt lediglich, Karl habe durch sie die Tücke des Schicksals erfahren und die Gerüchte über ihre Lebensweise überhört.

Von den insgesamt zehn namentlich bekannten Töchtern Karls wurden zwei Äbtissinnen, und zwar die ältere Tochter der Königin Fastrada und die Tochter einer Konkubine. Über die anderen verraten die Quellen kaum mehr als ihren Namen. Doch ist ihnen zu entnehmen, dass Karl auch die Töchter seiner Konkubinen am Hof behielt und gut versorgte.

29. War Pippin der Bucklige wirklich bucklig und Ludwig der Fromme wirklich fromm?

In der karolingischen Familie war die Neigung ausgeprägt, die Namen der «Spitzenahnen» (Frage 12) in den folgenden Generationen zu wiederholen, also die Namen Pippin und Karl, Karlmann und Ludwig. Von daher fiel es immer schwer, die gleichnamigen Könige in den einzelnen Generationen zu unterscheiden, so dass sich schon im Mittelalter der Brauch entwickelte, die Karolinger bis hin zum letzten karolingischen König des Ostfrankenreiches Ludwig dem Kind († 911) mit Beinamen zu versehen. Ob diese Beinamen zutreffend waren, wurde bereits wiederholt unter dem Motto «War Karl der Kahle wirklich kahl?» diskutiert, es lässt sich aber nicht in jedem Fall eindeutig sagen.

Was Pippin «den Buckligen» angeht, den ältesten Sohn Karls des Großen, so wird er mit diesem Beinamen bereits von Einhard, dem Biographen Karls, erwähnt, der ihn als *gibbo deformis* bezeichnet, «durch einen Buckel verunstaltet». Einhard kommentiert dies nicht weiter, aber im Hintergrund steht sicher die Tatsache, dass für die Zeitgenossen Pippin weder als Teilhaber an der Macht noch als Nachfolger seines Vaters in Betracht kam. Vielleicht wurde Pippin aus der Reihe der möglichen Thronfolger ausgeschieden, weil er einen körperlichen Fehler hatte, der sich erst beim Heranwachsenden zeigte; etwa als Folge von Rachitis (durch Vitamin-B-Mangel) oder Skoliose (Verdrehung der Wirbelsäule) könnte solch eine Missbildung aufgetreten sein. Als Hildegard Karl einen zweiten Sohn schenkte, den 777 geborenen Karlmann, und dieser im Jahr 781 in Rom durch Papst Hadrian I. die Taufe empfing, wurde er in Pippin umbenannt; das kann man so deuten, dass Karl damals entschieden hatte, seinen ältesten Sohn von der Herrschaft auszuschließen. Endgültig abge-schrieben fühlte sich Pippin der Bucklige aber wohl erst um 790, als seinem jüngeren Halbbruder Karl eine selbständige Herrschaft über-tragen wurde, während er leer ausging. 792 versuchte er gegen diesen Ausschluss von der Herrschaft zu rebellieren. Während seine Helfer streng bestraft wurden, wurde Pippin zum Mönch geschoren und ins Kloster Prüm geschickt, wo er 811 verstarb.

Ludwig «der Fromme», Sohn und Nachfolger Karls des Großen, wurde zu seinen Lebzeiten nicht mit diesem Beinamen genannt. Die Frömmigkeit eines Herrschers gehörte zu den vielfach einem König zugeschriebenen Tugenden; daher wurden im 9. Jahrhundert auch andere Könige namens Ludwig mit dem Beiwort *pius*, «fromm», ge-schmückt. Dennoch wäre der Beiname für Ludwig wohl auch nach Anschauung seiner Zeitgenossen nicht unberechtigt gewesen: Seine Bigotterie zeigt sich einmal darin, dass er sofort nach dem Tod seines Vaters dessen Konkubinen sowie seine eigenen unverheirateten Schwestern und deren Kinder vom Kaiserhof entfernte. Außerdem wissen wir, dass Ludwig in mönchischer Weise beim Gebet in der Kirche mit der Stirn den Fußboden zu berühren pflegte und dabei zuweilen Tränen vergossen hat; das Lachen soll er gänzlich vermie-den haben, wie sein Biograph Thegan schreibt: «Er aber entblößte nie auch nur seine weißen Zähne zum Lachen.»

30. Hat Karl ein Testament gemacht? Einhard berichtet, dass sich in Karls letzten Lebensjahren die Anzeichen für dessen herannahen-den Tod mehrten. Er lässt seine Vita des Frankenkönigs mit dem Wortlaut von Karls privatem Testament enden, das dieser drei Jahre vor seinem Tod gemacht hatte und das von 30 Zeugen, 15 weltlichen und 15 geistlichen Großen, bestätigt wurde; ihre Namen werden am Schluss des Dokuments alle aufgeführt. Es ist in Form einer Urkunde gestaltet. Von keinem anderen frühmittelalterlichen Herrscher besit-zen wir ein privates Testament – die Bestimmungen zur Nachfolge im Reich hatte Karl 806 in der sogenannten *Divisio regnorum* nieder-gelegt (Frage 42).

Die Verfahrensweise bei der Aufteilung von Karls beweglichem Vermögen an Gold, Silber und Edelsteinen war äußerst kompliziert: Es sollte zunächst in drei Teile geteilt werden; ein Drittel blieb Karl für den Rest seiner Lebenszeit und sollte erst nach seinem Tod auf-geteilt werden; die anderen zwei Drittel sollten in 21 Teile geteilt werden für die 21 ‹Hauptstädte› seines Reiches. Damit waren die Sitze der Metropoliten, der Erzbischöfe, in seinem Reich gemeint, wobei merkwürdigerweise Narbonne in der Aufzählung fehlt; eigentlich hätten es also 22 Städte sein müssen. Diese 21 Teile sollten in gesonderte und mit dem Namen der jeweiligen Stadt beschriftete Truhen gelegt werden, in die nach Karls Tod noch ein Viertel seines zurückbehaltenen Drittelanteils hinzugefügt werden sollte. Karls Erben sollten dann den einzelnen Städten diese Truhen zukommen lassen; der Metropolit durfte zwei Drittel des Inhalts für sich behalten und sollte das letzte Drittel an seine Suffragane, also die Bischöfe seiner Kirchenprovinz, weitergeben.

Das zweite Viertel von Karls zurückbehaltenem Anteil von einem Drittel war für die legitimen Söhne und Töchter und deren Kinder bestimmt, ein weiteres Viertel für die Diener des Palastes und das verbleibende für die Armen, zu deren Gunsten auch die Bücher der Hofbibliothek verkauft werden sollten (siehe Frage 96).

Ungewöhnlich ist auch die ausführliche Erwähnung von drei silbernen und einem goldenen Tisch aus dem Besitz Karls: Auf zwei silbernen Tischen sollen sich Darstellungen von Rom und Ravenna befunden haben, auf dem dritten silbernen und auf dem goldenen Tisch eine Darstellung des ganzen Weltalls. Während die beiden erstgenannten Tische als Geschenk für die Kirche St. Peter in Rom und die Bischofskirche von Ravenna bestimmt waren, sollten die beiden anderen Tische dem Anteil der Kinder, Diener und der Armen zugeschlagen werden.

Einhard erwähnt noch ausdrücklich, Karl habe ursprünglich auch vorgehabt, seine außerehelichen Kinder in einem eigenen Testament zu bedenken, doch sei dieses nie fertiggestellt worden. Man hat allerdings vermutet, dass die ehelichen Kinder mit einer solchen Beteiligung nicht einverstanden waren und Einhard dies mit seiner Behauptung verschleiern wollte.

Die Vollstreckung des Testaments musste dann 814 der einzige Karl überlebende Sohn, Ludwig der Fromme, übernehmen, der mit seinen beiden Schwestern Berta und Gisela teilte, wie auch der bereits erwähnte Geschichtsschreiber Nithard (siehe Frage 28) berichtet, der auch ein Mitunterzeichner dieses Testaments war. Ludwig soll den silbernen Tisch mit der Darstellung des Erdkreises als Erinnerung an den Vater behalten haben, wie einer seiner beiden Biographen weiß.

31. Wo und wie wurde Kaiser Karl bestattet? Karl der Große ist der einzige Karolinger, der in Aachen bestattet wurde, also an dem Ort, an dem er während der beiden letzten Jahrzehnte seines Lebens dauerhaft gelebt hat. Ob dies sein Wunsch war oder ob seine Töchter nach dem Tod ihres Vaters beschlossen, ihn in der Marienkirche beisetzen zu lassen, wissen wir nicht sicher (siehe Frage 25). In einer Urkunde, die im Jahr 769 für das Kloster Saint-Denis ausgefertigt wurde, hatte Karl verfügt, er wolle dort, wo seine Eltern, König Pippin I. und Bertrada, sowie sein Großvater Karl Martell ihre letzte Ruhe gefunden hatten, bestattet werden – aber damals herrschte noch eine andere politische Situation im Frankenreich: Die Karolinger hatten die Königsmacht noch keine 20 Jahre inne und wollten zeigen, dass sie die legitimen Nachfolger der Merowingerkönige waren, deren bevorzugte Grablege Saint-Denis gewesen war, da der Schwerpunkt ihres Reiches im Westen lag. In den Jahren nach 800 war dann Aachen zum Mittelpunkt des in seiner Ausdehnung riesigen Frankenreiches geworden, während die Merowingerdynastie längst Vergangenheit war. So erscheint es durchaus möglich, dass es Karls eigener Wille war, in Aachen beigesetzt zu werden.

Wir verdanken wieder einmal die ausführlichsten Informationen zu diesem Thema Einhard, der das Kapitel über Tod und Begräbnis Karls nach dem Vorbild der Vita des Kaisers Augustus aus der Feder des antiken Autors Sueton (ca. 70–120 n. Chr.) gestaltet hat. Er berichtet, dass über dem Grab ein goldener Bogen mit einer Inschrift errichtet wurde, die besagte, Karl sei am 28. Januar 814 im 72. Lebensjahr gestorben. Vermutlich hat sich Einhard bei der Angabe von Karls Geburtsjahr geirrt, wie die Forschung inzwischen annimmt (Frage 18), und Karl starb in seinem 66. Lebensjahr.

Seit dem 16. Jahrhundert wird in Aachen ein spätantiker Sarkophag aus dem 3. Jahrhundert nach Christus als die Grablege Karls des Großen angesehen; darauf befindet sich ein Relief, das den Raub der Proserpina darstellt – ein antiker Mythos, der den Raub der Tochter der Fruchtbarkeitsgöttin Ceres durch den Unterweltgott Hades zum Thema hat. Da auch andere karolingische Könige wie Ludwig der Fromme und sein Sohn Ludwig der Deutsche, aber auch Karls Bruder Karlmann in antiken Sarkophagen beigesetzt wurden, könnte dies durchaus auch bei Karl dem Großen der Fall gewesen sein. Allerdings berichtet die Kölner Königschronik zur Erhebung seiner Gebeine durch den Stauferkaiser Friedrich Barbarossa im

In diesem spätantiken Sarkophag wurde Karl der Große vielleicht beigesetzt.

Jahr 1165, sie seien aus dem Sarkophag erhoben worden, in den sie 352 Jahre zuvor gelegt worden seien – einem weißen Marmorsarkophag.

Die Angaben bei Einhard und in der Kölner Königschronik sprechen für eine Erdbestattung Karls, aber nach anderen Quellen, die von einer Öffnung des Karlsgrabes durch Kaiser Otto III. im Jahr 1000 berichten, soll Otto den von ihm verehrten Frankenkaiser in vollem Kaiserornat auf dem Thron sitzend vorgefunden haben.

Im Juli 1215 ließ schließlich Kaiser Friedrich II., der Enkel Barbarossas, Karl in den von Aachener Goldschmieden angefertigten Karlsschrein feierlich umbetten – zwei Tage, nachdem er selbst zum römisch-deutschen König gekrönt worden war, und am ersten Jahrestag der Schlacht von Bouvines, die den deutschen Thronstreit zu seinen Gunsten entschieden hatte und für Friedrich II. daher von großer Bedeutung gewesen war. Der Karlsschrein im Aachener Dom mit den Darstellungen der deutschen Könige und Kaiser seit Karl dem Großen ist auch heute noch das Ziel vieler Besucher des Aachener Doms.

IV. Der Frankenkönig

32. Was war eine Königspfalz? Schon die merowingischen Frankenkönige regierten ihr Reich nicht von einer Hauptstadt aus, sondern änderten ihren Aufenthalt immer wieder und residierten an verschiedenen Orten. Dies war einmal bedingt durch die Tatsache, dass die Verkehrs- und Transportverhältnisse nicht mehr so gut waren wie zu Zeiten des Römischen Reiches und daher eine größere Anzahl von Personen an einem Ort nicht ohne Weiteres über einen längeren Zeitraum hinweg verpflegt werden konnte. Zum anderen mussten die Erträge der königlichen Besitztümer im gesamten Reich meist in Form von Naturalien abgeführt werden, weil es keinen freien Handel mit Lebensmitteln gab. Diese Erträge konnten auch nicht alle nur in ein Zentrum geschafft, sondern mussten an verschiedene, über das ganze Reich verteilte Orte transportiert und dort gelagert werden. Der König und sein Hofstaat reisten dann zu diesen Orten, um die eingelagerten Vorräte zu verzehren («Abweiden» des Königsguts). Wegen der Unsicherheit, die im fränkischen Reich spätestens seit dem Ende des 6. Jahrhunderts um sich griff, mussten solche Orte befestigt werden. Diese befestigten Höfe wurden *palatium* genannt; daraus hat sich das deutsche Wort «Pfalz» entwickelt. Eine solche Pfalz bestand aus Wohn- und Vorratsgebäuden sowie Stallungen, um den Herrscher, seine Begleiter und ihre Pferde beherbergen zu können. Da diese Pfalzen über das gesamte Reichsgebiet verstreut waren, dienten sie oft auch dazu, die regionalen Amtsträger und den regionalen Adel zu versammeln, wenn der König anwesend war.

Die Könige wohnten aber nicht nur in diesen Pfalzen, sondern sie benutzten auch Klöster oder Bischofssitze als Residenz, wenn sie sich in einer bestimmten Gegend aufhielten. Da bereits die Merowinger Einfluss auf die Auswahl der Bischöfe ausübten und auch manche Klöster von ihnen abhängig waren, war es für die Könige nicht schwierig, Bischöfe und Äbte dazu zu zwingen, sie und ihre Begleitung für einige Tage oder Wochen als Gäste unterzubringen und zu verpflegen.

Es ist nicht leicht, Zahlenangaben über die Größe der königlichen Entourage zu machen. Für das 10. Jahrhundert wissen wir, dass wir mit mehreren hundert oder sogar mit 1000 Personen rechnen müssen, die mit dem König zusammen das Reich durchzogen und verpflegt werden mussten.

33. Was war das Königsgut, und wie wurde es verwaltet? Die Besitzungen des Frankenkönigs waren über das gesamte Reich verteilt. Aber wo kamen sie her? Als die Franken sich in Gallien niederließen und die Reste des Römischen Reiches eroberten, gingen die ehemals römischen Fiskalgüter, also die Besitzungen der römischen Reichsverwaltung, in den Besitz der fränkischen Könige über. Bei den weiteren Eroberungen der Merowinger im 6. und 7. Jahrhundert wurden die Ländereien der Besiegten zwischen den Frankenkönigen und dem fränkischen Adel aufgeteilt. Im Lauf des 7. und beginnenden 8. Jahrhunderts, als die Macht der Könige immer mehr schwand, ging ein Teil der königlichen Besitzungen in die Hand der mächtigen Adligen über. Vor allem dem Adel im Osten des Frankenreichs gehörten große Landgebiete, die er als sein Hausgut betrachtete und ganz unabhängig vom König verwaltete. Als die karolingische Familie zu Hausmeiern in Austrasien, also im östlichen Teil des Frankenreichs, aufstieg, hatte sie bereits große Besitzungen vor allem im Maas- und Moselgebiet inne. Dazu kamen Klostervogteien, also Schutzherrschaften über Klöster und ihre Güter, im gesamten austrasischen Reich. Diese Besitzungen wurden nach der Beseitigung der merowingischen Dynastie um die verbliebenen Königsgüter erweitert. Damit hatte König Pippin einen beachtlichen Landbesitz, der sich über weite Teile des Reiches erstreckte.

Entscheidend dafür, welche Einkünfte die Könige aus dem Königsgut erzielen konnten, war, wie sie seine Verwaltung organisierten. Aus der Zeit Karls des Großen besitzen wir ein ausführliches Kapitular zu diesem Thema, das sogenannte *Capitulare de villis*, also die «Rechtsverordnung über die Königsgüter». Aus diesem Text erfahren wir einiges über die Organisation der königlichen Güter und auch über ihre wichtigsten Produkte. Wie es typisch ist für eine mittelalterliche Rechtsverordnung, geht es allerdings weniger um das Selbstverständliche, sondern eher um Besonderheiten und Ausnahmen. Daher werden von den landwirtschaftlichen Tätigkeiten nicht die Produktion von Getreide behandelt und bei der Viehzucht nicht die Aufzucht und Pflege von Kühen, Schweinen, Schafen und Ziegen, sondern die Herstellung von Wein und die Pferdezucht. Bei der Weinherstellung war es dem König wichtig zu betonen, dass die Trauben nicht mit den Füßen gekeltert werden sollten, «sondern dass alles sauber und reinlich zugeht».

Neben landwirtschaftlichen Produkten wurden aber auch gewerbliche Güter auf den Königshöfen hergestellt, so vor allem eiserne Geräte wie Sensen, Sicheln und Spaten.

Die Leitung einer königlichen *villa* lag in den Händen eines Meiers (von lateinisch *maior*, «der Größere, der Obere»), der dem König Rechenschaft über die Erträge und ihre Verwendung sowie über seine Tätigkeit ablegen musste. Im *Capitulare de villis* heißt es dazu, dass die Meier alle Abgaben und Dienste für die Hofhaltung des Königs in ein Rechnungsbuch eintragen lassen müssen, die Ausgaben in ein anderes; auch der Überschuss musste schriftlich nachgewiesen werden. Am Schluss dieses Kapitulars steht eine lange Liste von Pflanzen, die in den Gärten der Königshöfe gezogen werden sollen; sie reicht von Blumen wie Lilien und Rosen bis zu Zwiebeln, Rettich und Salbei. Zudem werden zahlreiche Arten von Bäumen, die Früchte tragen, und sogar einzelne Apfelsorten aufgeführt.

Um 800 ließ Karl Inventare anlegen, in denen für jeden Königshof der Bestand an Gebäuden, Vieh und Geräten aufgenommen wurde. Einige dieser Inventare haben sich erhalten, so dass wir uns eine Vorstellung von der Größe dieser Höfe machen können, in deren Stall zwar nur ein Pferd, aber 26 Zugochsen standen. Auch die Anzahl von eisernen Werkzeugen war eher gering, die meisten Geräte und Gefäße waren aus Holz gefertigt.

Nicht die gesamte Fläche eines Königshofs wurde unter der Aufsicht des Meiers bearbeitet. Vielmehr waren größere Teile an Freie oder unfreie Bauern ausgegeben, die ihre Hofstelle selbst bearbeiteten und jährliche Abgaben zu erbringen hatten; außerdem mussten sie auf dem zentralen Herrenhof Frondienste leisten, entweder fünf oder sechs Wochen jährlich oder drei Tage in jeder Woche. Diese Form der Grundherrschaft übten auch die adeligen Grundbesitzer aus (siehe Frage 3).

34. Hatte Karl eine Lieblingsresidenz? Schon in merowingischer Zeit besuchten die Könige eine Reihe von Pfalzen häufiger als andere. Dazu gehörten etwa Compiègne und Quierzy nördlich von Paris, Attigny bei Reims und Herstal bei Lüttich. Noch für Karls Vater Pippin sind die meisten Aufenthalte an diesen Orten bezeugt. Auch Karl der Große hielt sich in den ersten Jahrzehnten seiner Regierung häufig in diesen alten Pfalzen auf, wenn er sich nicht auf Kriegszügen befand. Aber bei ihm zeigt sich eine deutliche Schwerpunktverlagerung nach Osten. Seine Lieblingspfalzen waren Worms (16 Auf-

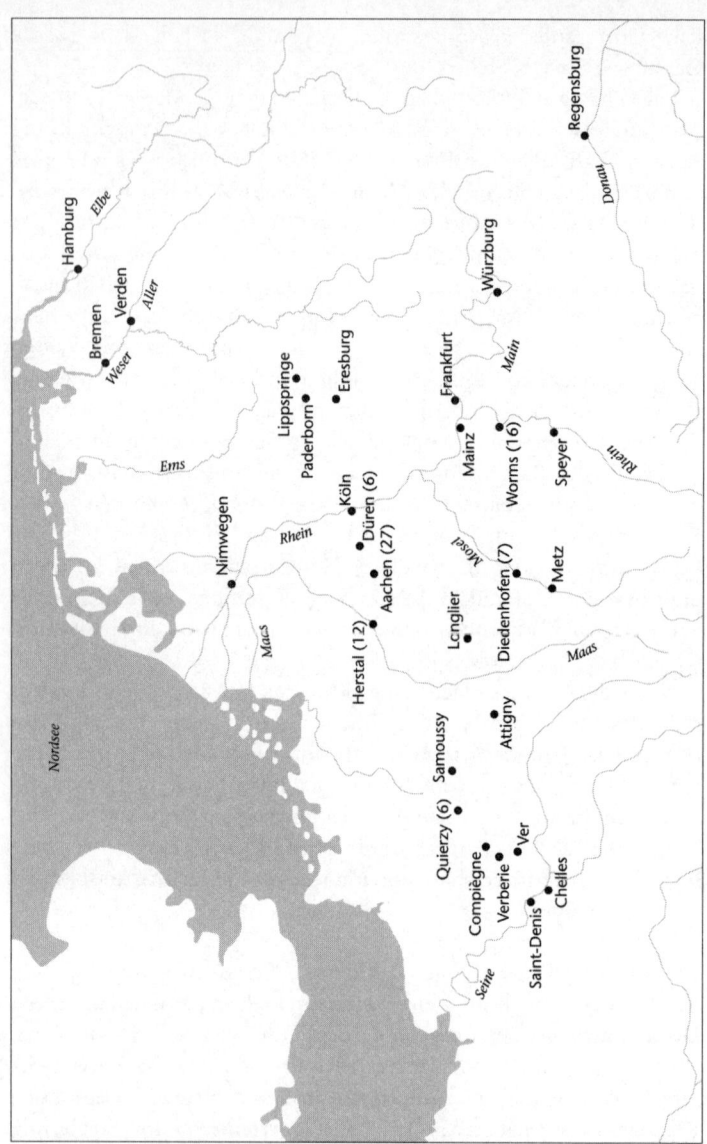

Pfalzen und wichtige Aufenthaltsorte Karls des Großen

Modell der Aachener Pfalz (nach Hugot)

enthalte), Herstal (12) und Diedenhofen (7); auch Düren (6) und Quierzy (6) wären noch zu nennen.

Alle diese Aufenthaltsorte wurden aber bei weitem übertroffen von Aachen, für das 27 Aufenthalte bezeugt sind; zuerst hielt Karl sich dort im Winter 768/69 auf. Während ein erstes wichtiges Kapitular 779 noch in Herstal erlassen wurde, kam die bedeutende *Admonitio generalis*, das «Grundgesetz» Karls des Großen, 789 in Aachen heraus, wo er den Winter 788/89 verbracht hatte. Seit 794/95 hielt er sich während seiner restlichen Regierungszeit mit drei Ausnahmen stets in der kalten Jahreszeit in seiner Lieblingspfalz auf, die damit eigentlich schon als Hauptstadt des Frankenreiches bezeichnet werden kann. Im Winter 797/98 war er in Herstelle an der Weser, im Winter 800/01 in Rom und im Winter 805/06 in Diedenhofen. Nach 806 verließ Karl Aachen überhaupt nur noch selten. Aachen besaß, wie bereits erwähnt (siehe Frage 20), in den Augen Karls des Großen vor allem zwei Vorzüge: In den ausgedehnten Wäldern westlich der Pfalz konnte er seinem Jagdvergnügen nachgehen und in den heißen Quellen am Ort konnte er schwimmen.

Ehe Aachen zur Dauerresidenz Karls wurde, ließ er dort eine Reihe von Neubauten errichten, die diese Residenz auch für ausländische Besucher zu einem eindrucksvollen Ort werden ließen. Denn hier empfing er spätestens seit 801 Gesandte aus dem Ausland, etwa aus Bagdad (807) oder aus Konstantinopel.

Eine wichtige Voraussetzung dafür, dass Karl der Große sich von der Reiseherrschaft abwenden und von einer festen Residenz aus regieren konnte, bestand darin, dass er anscheinend erfolgreich versuchte, seine Anweisungen schriftlich zu erteilen, und überhaupt der Schriftlichkeit einen hohen Wert zuerkannte. Dass Karl zudem über großes Selbstvertrauen und auch große Sicherheit verfügt haben muss, als er von einer Hauptstadt aus regierte, zeigt sich – gleichsam im Gegenbild – unter Ludwig dem Frommen, der zwar die ersten acht Jahre seiner Herrschaft noch von Aachen aus regierte, dann aber nach 822, als es zu einer ersten schweren Autoritätskrise gekommen war, zur älteren Form der Reiseherrschaft zurückgekehrt ist. Auch die ostfränkisch-deutschen Könige und Kaiser der zweiten Hälfte des 9. und des 10. bis 13. Jahrhunderts regierten wieder «vom Sattel aus».

35. Was heißt «regieren» in der Zeit Karls des Großen?

Regieren hieß in der Zeit Karls des Großen nicht Studieren von Akten und Formulieren von schriftlichen Entscheidungen, sondern bestand in handfestem Agieren und im mündlichen Austausch. Hinzu kommen symbolische Handlungen, in denen der König nicht nur als Entscheidungsträger, sondern als von Gott erwählter und Gott wohlgefälliger Herrscher erkennbar wird. Dies zeigt sich besonders deutlich bei der wichtigsten Aufgabe eines frühmittelalterlichen Herrschers, dem Kriegführen. In der ersten Hälfte seiner Regierungszeit nahm Karl meist persönlich an den Kriegszügen teil; erst seit den 790er Jahren überließ er die Feldzüge immer wieder einem seiner Söhne oder einem anderen tüchtigen und vertrauenswürdigen Amtsträger. Sieg oder Niederlage wurden von den Zeitgenossen als Gottesurteile verstanden, und daher war es nötig, den Kampf nicht nur durch Training und Bereitstellung von guten Waffen vorzubereiten, sondern auch durch Gottesdienst und Gebet. Das Ende einer kriegerischen Auseinandersetzung war nicht immer ein regelrechter Friedensschluss, sondern wurde durch eine symbolische Handlung, wie etwa die Taufe des Anführers der aufständischen Sachsen, Widukind, gesetzt, bei der Karl als Taufpate fungierte (siehe Frage 46).

Der königliche Anteil an der Verwaltung des Reiches bestand einmal darin, dass er geeignete und vertrauenswürdige Amtsträger auswählte, denen er dann auch persönlich – mündlich oder schriftlich – Anweisungen gab. Zum andern war es wichtig, die Amtsführung der oft weit vom Aufenthaltsort des Königs entfernt wirkenden Grafen zu kontrollieren. Das geschah in Karls Zeit durch die Königsboten (siehe Frage 36). Der König war auch meist persönlich anwesend, wenn Gesandte auswärtiger Mächte empfangen wurden.

Besonderen Wert legte Karl ferner auf sein Amt als oberster Richter. Im Fall des abgesetzten Herzogs Tassilo III. von Baiern oder auch im Fall seines aufständischen ältesten Sohns Pippin (des Buckligen) hat Karl den bereits ergangenen Richterspruch durch sein Begnadigungsrecht gemildert und Todesurteile in Klosterhaft umgewandelt. Der Pfalzgraf, der am Königshof normalerweise als oberster Richter amtierte, musste wohl immer gewärtig sein, Eingriffe des Königs hinzunehmen.

Auch den Vorsitz auf Reichsversammlungen und Synoden hatte der König inne. Von seiner Initiative hingen Form und Inhalt der Beschlüsse dieser Versammlungen ab (siehe Frage 60).

36. Wer half Karl beim Regieren? Schon wegen der mangelhaften Verkehrsverhältnisse und der langsamen Fortbewegung war es nicht möglich, dass der König an allen Stellen seines Reiches, an denen Probleme auftraten, persönlich zugegen sein konnte. Er brauchte daher vertrauenswürdige Helfer, die in seinem Auftrag und an seiner Stelle Führungsaufgaben übernehmen und Entscheidungen treffen konnten. An erster Stelle sind unter diesen königlichen Amtsträgern die Grafen zu nennen, die sowohl zivile als auch militärische Aufgaben zu erledigen hatten. Sie waren es, die dem König zustehende Abgaben einzogen und die als Richter im Namen des Königs amtierten. Sie hatten auch mit ihren untergebenen Helfern die Aushebung des Heeres zu überwachen und die aus ihrem Amtsbezirk stammenden Heeresteile anzuführen.

Man darf sich zwar nicht vorstellen, dass das gesamte Reich bereits unter Karl dem Großen in ungefähr gleich große Grafschaften aufgeteilt war, aber in den meisten Gebieten des Reiches gab es solche Amtsbezirke. Einige dieser Grafen hatten ihr Amt von ihrem Vater ererbt, andere waren vom König eingesetzt worden, der ihre Amtsführung kontrollierte und sie bei Verstößen gegen ihre Pflichten auch absetzen konnte.

Die Kontrolle der Amtsführung der Grafen wurde durch die sogenannten Königsboten (*missi dominici*) ausgeübt. Diese Königsboten traten immer paarweise auf, meist war es ein Graf und ein Bischof, die das besondere Vertrauen des Königs besaßen.

Da die Grafen nicht alle richterlichen Aufgaben in ihren Amtsbezirken allein ausüben konnten – manchmal waren sie ja auch auf
Kriegszügen und daher längere Zeit abwesend –, gab es darüber hinaus Richter (*iudices*), die ihnen bei der Verwaltung des Rechtswesens
beistanden. Auch diese Richter wurden durch die Königsboten kon-
trolliert.

Richterliche Aufgaben übten ferner die Bischöfe aus, wie sie dies
bereits seit den Anfängen des christlichen Römerreichs, seit Konstantin dem Großen (306–337), getan hatten. Ihr Ansehen bei Hoch-
gestellten wie bei Einfachen war groß; daher wollte der Herrscher auf
ihre Mitwirkung an seinem Regiment nicht verzichten.

Der König regierte im frühen Mittelalter also nicht als Allein-
herrscher; er benötigte die Mitwirkung der Großen seines Reiches.
Um diese Mitwirkung zu organisieren, wurden Reichsversammlungen einberufen. Ob diese in der Zeit Karls bereits regelmäßig tagten,
ist ungewiss, da unsere Quellen nur solche Versammlungen erwähnen, die zu einem besonderen Anlass einberufen wurden (siehe
Frage 60).

37. Was waren die Kapitularien? Nicht nur durch persönliche
Kontakte und mündlich gegebene Anweisungen wollte Karl der
Große regieren, sondern er legte auch großen Wert auf schriftliche
Verordnungen. Der schriftliche Niederschlag seiner Befehle sind die
sogenannten Kapitularien – in Kapitel eingeteilte Satzungen und
Verlautbarungen, die einen gesetzgebenden, administrativen oder
auch religiös-belehrenden Charakter besitzen können; mit ihrer
Hilfe versuchte Karl zahlreiche, teilweise ganz unterschiedliche
Materien zu regeln. Das Wort *capitulare* taucht zum ersten Mal unter
Karl dem Großen im Kapitular von Herstal (779) auf. Es ist unwahrscheinlich, dass diese Kapitularien bereits in schriftlicher Form
den Amtsträgern, also vor allem den Grafen und Bischöfen, vorgelegt
wurden; vielmehr dürften sie vom Herrscher selbst oder einem seiner
engsten Mitarbeiter bei einer Optimatenversammlung (einer Versammlung von Vertretern der Reichselite) den Anwesenden mündlich vorgetragen worden sein; ein oder mehrere Schreiber haben
dann die zentralen Inhalte dieser Anweisungen schriftlich festgehalten. Ob dann eine Art Protokoll den Grafen und Bischöfen zu-
gesandt wurde oder ob jeder selbst eigene Aufzeichnungen mitgenommen hat, wissen wir nicht genau.

Erst aus der Zeit Ludwigs des Frommen ist darüber Näheres bekannt, denn es heißt am Ende eines Kapitulars aus dem Jahr 823 oder 825: «Wir wollen, dass die Erzbischöfe und Grafen diese Kapitel von unserem Kanzler erhalten; sie sollen in ihren Amtsbezirken den übrigen Bischöfen, Äbten, Grafen und anderen Getreuen Abschriften anfertigen lassen und in ihren Grafschaften allen Menschen vorlesen, damit ihnen unsere Verordnung und unser Wille bekannt ist.»

Da es sich meist um Einzelblätter handelte, sind einzelne Kapitularien im Original fast nicht überliefert; ihren Text kennen wir nur aus Sammlungen, die seit den 820er Jahren von verschiedenen Privatpersonen angelegt wurden. Es wird zwar immer wieder davon gesprochen, dass im Königspalast eine Truhe vorhanden gewesen sei, in der Abschriften der Kapitularien aufbewahrt wurden, aber ein solches «Archiv» ist nicht erhalten, wie überhaupt die schriftliche Hinterlassenschaft der karolingischen Herrscher die Zeit nicht an einem bestimmten Ort überdauert hat. Das ist bei kirchlichen Institutionen ganz anders. So besitzen wir nicht nur das päpstliche Archiv, dessen älteste Bestandteile bis ins 9. Jahrhundert zurückreichen, sondern auch etwa das Stiftsarchiv des Klosters St. Gallen, das bis heute Urkunden sogar aus dem 8. Jahrhundert aufbewahrt, von denen manche wie kleine Schnipsel aus Pergament aussehen.

38. Gab es in Karls Reich ein einheitliches Währungssystem? Das Mittelalter ist bekannt als eine Zeit mit einer großen Anzahl von ganz unterschiedlichen und daher verwirrenden Währungen. Vor allem im Deutschen Reich gab es im hohen und späten Mittelalter eine unübersichtliche Anzahl von Münzen, die zum Teil von kleinen und kleinsten Territorien ausgegeben wurden und deren Geltungsbereich meist nicht groß war.

Anders sah allerdings die Lage im Frankenreich der Karolinger aus: Bereits Karls Vater Pippin hatte versucht, eine einheitliche Münze zu schaffen, deren Gewicht in seinem gesamten Reich gleich sein sollte, und Karl hat diesen Plan weiterverfolgt. Bis zur Münzreform von 793/94 waren die Münzen recht klein und leicht: Sie wogen nur 1,3 g, hatten aber einen Silbergehalt von 90 %. Die neuen Münzen waren schwerer, wogen ca. 1,7 g und trugen auf der einen Seite das Monogramm des Königs und eine Umschrift: *CARLUS REX FR(ANCORUM)*, «Karl, König der Franken». Auf der anderen Seite trug die Münze ein Kreuz und umlaufend den Namen der Münzprägestätte.

Im ganzen Reich sollten nur noch diese Münzen Geltung besitzen. Es gab übrigens nur eine Sorte von Münzen, nämlich die Denare oder Silberpfennige; andere Werte, wie Schilling und Pfund, waren lediglich Rechnungseinheiten, keine eigenen ausgeprägten Münzsorten. Karl war es auch, der die Berechnung der Gegenwerte auf eine neue Grundlage stellte: 12 Denare oder Pfennige entsprachen einem Schilling, und 20 Schillinge bildeten ein Pfund. Nicht auf dem Kontinent, aber in England hat sich diese Währung bis ins ausgehende 20. Jahrhundert (1971) gehalten.

Wie aus Funden von vergrabenen Münzschätzen hervorgeht, war die Gesetzgebung Karls erfolgreich, d. h., im ganzen Reich waren seine neuen Münzen verbreitet; ca. 2000 Karlspfennige haben die Zeit überdauert. Das heißt nicht, dass wir bereits mit einer Geldwirtschaft rechnen dürfen; auf dem Land war zweifellos der Tausch von Naturalien die verbreitete Form des Wirtschaftens. Aber die Kaufleute in den Städten und erst recht die Fernhändler rechneten und bezahlten mit Münzen.

39. Welche Musik spielte die Hofkapelle? Man könnte denken, dass eine Hofkapelle für die musikalische Unterhaltung Karls und seines Hofes zuständig war, doch der Begriff täuscht und hat mit Musik gar nichts zu tun. Am 11. November finden auch heute noch vielerorts Umzüge zu Ehren des heiligen Bischofs Martin von Tours (um 316/17–397) statt. Er soll der Legende nach seinen Mantel mit seinem Schwert durchgetrennt und die eine Hälfte einem Bettler geschenkt haben. Der Teil des Mantels (lateinisch: *cappa*) aber, den der Bischof für sich behielt, wurde später in Tours als Reliquie verehrt, und Martin wurde bald einer der wichtigsten Heiligen des merowingischen Frankenreiches. Schon der Reichsgründer Chlodwig I. (481/82–511) verehrte ihn, und im 7. Jahrhundert gelangte diese Martinsreliquie in den Besitz der Königsfamilie und damit an den Hof. Es wurde dann die Aufgabe der für die Seelsorge des Königs und seiner Familie zuständigen Geistlichen am Hof, diese *cappa* zu hüten; sie wurden als *cappelani*, «Kapläne», bezeichnet, und der Aufbewahrungsort der *cappa* war die *capella*. Von der Martinsreliquie leitet sich also der Begriff für diese Personengruppe ab.

Außer dem Gottesdienst und der Verwahrung der Reliquien lag in

Silberdenar Karls des Großen (nach 800)

den Händen dieser Geistlichen auch die Formulierung und die Niederschrift der Urkunden, die der König ausstellen ließ (siehe Frage 40), da seit dem 8. Jahrhundert die Fähigkeit des Lesens und Schreibens stark zurückgegangen war, so dass fast nur noch die Männer der Kirche diese Fähigkeiten beherrschten. Daher ist es nicht verwunderlich, dass die Angehörigen der Hofkapelle, die sich ständig in der Nähe des Königs aufhielten und sein besonderes Vertrauen genossen, von ihm dann nach einem kürzeren oder längeren Dienst in der königlichen Kapelle oftmals als Bischöfe oder Äbte eingesetzt wurden, damit er sich an wichtigen Orten des Reiches oder in entlegenen Gebieten auf vertrauenswürdige Personen stützen konnte.

40. Wie viele echte und wie viele gefälschte Urkunden Karls haben sich erhalten? Die frühmittelalterlichen Könige regierten, indem sie unermüdlich mit ihrem Hof durch das Reich reisten, Gericht hielten und nicht zuletzt Schenkungen machten, die in urkundlicher Form verbrieft wurden – nur in der Spätzeit Karls des Großen war das anders, als er sich Aachen als feste Residenz ausgesucht hatte und von dort aus das Frankenreich regierte.

Von Karl dem Großen besitzen wir insgesamt 262 Urkunden, die man auch als Diplome bezeichnet. Während man in der Merowingerzeit diese auf den wenig haltbaren Papyrus schrieb, verwendete man in der Zeit Karls des Großen bereits das aus Tierhäuten hergestellte, wesentlich langlebigere Pergament. Da es damals kein Archiv des

Reiches und damit keine planmäßige Aktenführung gab, musste der Empfänger einer Königsurkunde diese gut aufbewahren, denn nur mit der Urkunde in der Hand konnte er gegebenenfalls seinen Besitz oder seine Rechte belegen. Trotzdem sind im Laufe des Mittelalters und der Neuzeit viele mittelalterliche Königsurkunden durch Brand, Plünderung und andere Unglücksfälle vernichtet worden. Insgesamt war aber bei Kirchen und Klöstern die Chance größer, dass die Urkunden erhalten blieben.

Nicht alle Urkunden Karls, die die Zeiten überdauert haben, sind im Original überliefert. Den Text zahlreicher Diplome kennen wir nur, weil sie abgeschrieben wurden, so etwa in den Klöstern, die alle ihnen gewährten Königsurkunden in ein sogenanntes Kopialbuch aufnahmen.

Von Karl selbst ist bekannt, dass er mit dem Schreiben seine Mühe hatte, und damit war er in seiner Familie nicht allein. Während die Merowingerkönige noch lesen und schreiben konnten und deshalb ihre Urkunden durch eine eigenhändige Unterschrift in Kraft setzten, ließen die Karolinger diese Unterschrift durch ein Monogramm ersetzen, das der Schreiber der jeweiligen Urkunde unter dem Text anbrachte; der König zog nur einen kleinen Strich, den sogenannten Vollziehungsstrich, durch den die Urkunde Rechtskraft erhielt. Auf den frühen Originalurkunden von Karls Urururenkel, dem ostfränkischen König Ludwig dem Kind († 911), kann man gut erkennen, dass der Vollziehungsstrich von einer ungelenken Kinderhand gemacht wurde.

Nicht zuletzt wegen der fehlenden Unterschrift war es recht einfach, eine Königsurkunde zu fälschen, zumal im Mittelalter nicht viele Menschen ein solches Diplom jemals im Original gesehen haben dürften. Um einer solchen Fälschung eine höhere Autorität zu verleihen, fälschte man gern auf einen König, der bekannt war und auch noch den nachfolgenden Generationen als mächtig galt. So ist es kein Wunder, dass auf Karl den Großen viele Urkunden gefälscht wurden. Wir kennen insgesamt 98 falsche Karlsurkunden; im Verhältnis zu den 164 als echt eingeschätzten Diplomen Karls ist dies eine hohe Fälschungsrate. Nur dem merowingischen König Dagobert I. (623–639) wurde eine ähnlich hohe Zahl gefälschter Königsurkunden zugeschrieben. Daran lässt sich deutlich erkennen, dass Dagobert genau wie Karl in der Erinnerung der Menschen des frühen und hohen Mittelalters präsent geblieben war. Weitaus die

Monogramm Karls des Großen (KAROLUS), das sich mit dem sogenannten Vollziehungsstrich als «Unterschrift» in seinen Königsurkunden findet.

meisten gefälschten Diplome Karls des Großen wurden übrigens im 12. Jahrhundert angefertigt, also in jener Zeit, als die Verehrung Karls als Kreuzfahrer und seine Heiligsprechung ihn zum idealen Herrscher der Frühzeit werden ließen (siehe Fragen 80–82).

Zu der großen Zahl gefälschter Königsurkunden im Mittelalter sei noch bemerkt, dass die mittelalterlichen Fälscher bei ihrem Tun kein Unrechtsbewusstsein in unserem Sinne besaßen. Ein Mönch, der in seinem Kloster eine Schenkungsurkunde auf Karl den Großen fälschte, tat dies in der Überzeugung, Recht wiederherzustellen: Nach seiner Auffassung hatte Karl entweder tatsächlich eine Schenkung vorgenommen, aber die Urkunde war nicht mehr aufzufinden, oder aber Karl hätte ohne Zweifel, wenn er dieses Kloster besucht hätte, eine solche Schenkung gemacht; jedenfalls wurde nach Auffassung der Fälscher durch die Fälschungsaktion das Recht wiederhergestellt.

41. Wie reagierte Karl auf Verschwörungen? Auch die Regierung Karls des Großen war nicht in jeder Phase völlig unangefochten. Obwohl die Quellen, die zumeist am Hof oder in der Nähe des Hofes entstanden, dies nicht immer mit der nötigen Klarheit berichten, gab es einige Versuche, die Macht des Königs zu schwächen oder gar den König selbst zu beseitigen. So hatten sich 785/86, also sofort nach der Taufe Widukinds (siehe Frage 46), thüringische oder ostfränkische Große unter der Führung eines Grafen Hardrat verschworen und geplant, den Frankenkönig Karl durch eine List in ihre Hand zu bekommen und zu töten. Einhard schreibt dazu (c.20): «Einige der Beteiligten wurden damals zur Strafe geblendet und zusammen mit den Übrigen verbannt. Nur drei Verschwörer wurden getötet: sie zogen ihr Schwert, setzten sich zur Wehr und wurden, nachdem sie mehrere Männer erschlagen hatten, selbst niedergestreckt, da man sie sonst nicht bezwingen konnte.»

Einige Jahre später, als Karl 791/92 in Baiern überwinterte, verschwor sich sein ältester Sohn Pippin der Bucklige (siehe Frage 27) mit einigen führenden Franken gegen den Vater. Wie Einhard schreibt, sollen die Mitverschwörer Pippin versprochen haben, ihn zum Herrscher zu erheben. Die Schuldigen wurden nach der Aufdeckung der Verschwörung bestraft; Pippin wurde ins Kloster Prüm in der Eifel geschickt.

Einhard schreibt auch, wie bereits erwähnt, dass «die Grausamkeit der Königin Fastrada diese Verschwörungen veranlasst» habe, denn Karl sei «von seiner sonstigen Güte und Milde abgewichen» und habe die rücksichtslosen Handlungen seiner Gemahlin gebilligt. Es ist einigermaßen rätselhaft, warum Einhard die sonst wegen ihrer Tüchtigkeit bekannte Fastrada derart beschuldigt (siehe Frage 25); vielleicht hatte sie den Verwandten Einhards ein Unrecht zugefügt?

Als eigentliche Ursache dieser Verschwörungen wird man eher annehmen dürfen, dass Karls Versuche, die Organisation des Reiches in seine Hand zu bringen und als Grafen nur solche Männer einzusetzen, denen er vertrauen konnte, bei einigen nicht berücksichtigten Adelsgruppen Gegenwehr hervorriefen. Näheres über die Verschwörer erfahren wir aus den Quellen nicht; ihre Autoren versuchten überhaupt, diese Opposition zu verschweigen oder mindestens in der Darstellung deren gesellschaftlichen Rang herunterzuspielen – in Wahrheit aber dürften sie Angehörige des fränkischen Hochadels gewesen sein. Der Anlass für die Verschwörung Pippins des Buckligen mag dessen endgültige Ausschaltung aus dem Kreis der Nachfolger seines Vaters gewesen sein.

Möglicherweise veranlasst durch den Aufstandsversuch von 785/86, als die Verschwörer behauptet hatten, nur diejenigen Personen seien dem König gegenüber zu Loyalität verpflichtet, die einen Treueid geleistet hatten, wies Karl im Jahr 789 seine Königsboten an, möglichst alle waffenfähigen Männer im gesamten Reich einen Treueid ablegen zu lassen. Durch diesen Eid sollten Anschläge auf das Leben des Königs und Bündnisse mit auswärtigen Feinden verboten werden. Nach seiner Krönung zum Kaiser verlangte Karl 802 einen neuen Treueid, mit dem eine neue Auffassung von Treue verbunden war.

Die männlichen Einwohner des Frankenreichs sollten sich nicht nur zu Gehorsam gegenüber den Befehlen des Kaisers verpflichten, sondern auch zur Einhaltung der Gebote Gottes und zum Schutz der Schwachen.

42. Welche Regelung traf Karl für seine Nachfolge?

Wenn man sich fragt, warum die Regierungszeit Karls des Großen eine Erfolgsgeschichte war, während das Frankenreich unter seinem Sohn Ludwig dem Frommen wiederholt von blutigen Bürgerkriegen erschüttert wurde, so liegt das nicht zuletzt daran, dass Karl es schaffte, mit Autorität und Weitblick seine Nachfolge zu regeln, und das zu einem relativ späten Zeitpunkt in seinem Leben. Eine mögliche Rivalität um die Macht durch Schwiegersöhne unterband er dadurch, dass er seinen Töchtern keine von der Kirche anerkannten Ehen gestattete (siehe Frage 28). Er selbst heiratete nach dem Tod seiner vierten Frau Fastrada († 794) wohl nicht mehr, sondern hatte nur noch mehrere Konkubinen. Damit waren seine drei aus solchen Verbindungen hervorgegangenen Söhne von der Erbfolge ausgeschlossen, denn die Kirche hatte durchgesetzt, dass nur noch Königssöhne aus legitimen Ehen erbberechtigt waren.

Schon im merowingischen Frankenreich hatte seit 511 das Reichsteilungsprinzip gegolten, d. h. alle vom königlichen Vater anerkannten Söhne erhielten als Erbe einen Anteil am Reich. Dies setzten die Karolinger zwar fort, aber mit der Einschränkung, dass nur die legitimen Söhne erben konnten. In der von der Forschung sogenannten *Divisio regnorum* («Aufteilung der Reiche») aus dem Jahr 806 werden daher nur drei Söhne Karls des Großen aus der Ehe mit seiner dritten Frau Hildegard († 783) als Erben erwähnt, die zu diesem Zeitpunkt schon längst als Könige in den Teilreichen oder Reichsteilen regierten, die ihnen vom Vater übertragen worden waren: Karl der Jüngere, der älteste Sohn von Hildegard, erhielt mit Neustrien, Austrien, Sachsen, Thüringen, dem bairischen Nordgau und den nördlichen Teilen von Burgund und Alemannien den Kern des Frankenreiches, Ludwig der Fromme außer Aquitanien noch den größten Teil von Burgund, der Provence und Septimanien, während Pippin in Italien, in Baiern und im südlichen Teil von Alemannien herrschen sollte.

Allerdings musste Karl der Große noch erleben, dass sein Teilungsplan obsolet wurde, denn 810 starb Pippin von Italien und 811 Karl der Jüngere. Von diesen beiden hinterließ nur Pippin von Italien einen Sohn namens Bernhard, der von seinem Großvater 813 als Nachfolger seines Vaters im Königreich Italien bestimmt wurde. Das übrige Frankenreich erbte Ludwig der Fromme, den Karl 813 zum Mitkaiser erhob. Als Karl starb, gab es also neben dem Kaiser Ludwig auch noch König Bernhard von Italien. Ludwig traf bereits am Beginn seiner Regierung, nämlich 817, eine Nachfolgeregelung. Da Bernhard von Italien dabei völlig übergangen wurde, machte er einen Aufstandsversuch, wurde aber 818 gefangen genommen und geblendet. Als er an den Folgen dieser Bestrafung starb, war die Reichseinheit wiederhergestellt.

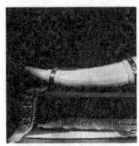

V. Karl als Eroberer

43. Welches Reich hat Karl zuerst erobert? Schon Karls Vater Pippin hatte zwei Kriege mit den Langobarden geführt, als er 754 und 756 auf Bitten des Papstes nach Italien gezogen war. Der langobardische König Desiderius (757–774) versuchte durch eine geschickte Heiratspolitik, die außenpolitische Situation seines Reiches zu stabilisieren. So verheiratete er eine Tochter mit dem Herzog Arichis von Benevent, eine andere mit dem Fürsten Tassilo von Baiern. Eine weitere Tochter wurde 770 mit Karl dem Großen verheiratet. Das Ende dieser Ehe (wohl im Dezember 771) bedeutete zugleich den Beginn schwerer Spannungen zwischen den Franken und den Langobarden. Als sich die Witwe von Karls im Dezember 771 verstorbenem Bruder Karlmann mit ihren Kindern in den Schutz des Langobardenkönigs begab und der neue Papst Hadrian I. (772–795) einen Hilferuf an Karl aussandte, weil Desiderius an der Adria Städte und Gebiete besetzte, die Pippin 756/57 dem Papst übergeben hatte, zog Karl 773 nach Italien. Da Karl ein großes Heer anführte, wagte Desiderius keine Feldschlacht, sondern zog sich in seine Hauptstadt Pavia zurück. Nach neunmonatiger Belagerung ergab sich Pavia im Juni 774; der König wurde gefangen genommen, und sein Kronschatz fiel den Franken in die Hände. Der Königssohn Adelchis floh nach Byzanz, wohl in der Hoffnung, mit Hilfe des Kaisers sein Reich wiedergewinnen zu können.

Als Grund für den raschen Zusammenbruch des seit über 200 Jahren Italien dominierenden Langobardenreichs wird man neben den Fähigkeiten Karls als Feldherr auch eine innere Schwäche des Reiches in Betracht ziehen müssen. Manche Adlige hatten sich schon seit längerem mit dem Gedanken vertraut gemacht, in den Franken ihre künftigen Herren zu sehen; andere betrieben eine eigene Politik gegen ihren König und wieder andere verzichteten überhaupt auf eine weltliche Karriere und gingen ins Kloster.

Karl nannte sich spätestens seit Juni 774 «König der Franken und Langobarden»; damit blieb wenigstens der Anschein einer gewissen Eigenständigkeit des ehemaligen Langobardenreichs gewahrt. Nachdem es in den Jahren nach 774 noch mehrfach zu regionalen Aufständen gekommen war, wurde das ehemalige Langobardenreich 781 nach fränkischem Muster neu gegliedert; als königliche Amtsträger amtierten fortan meist fränkische, alemannische oder burgundische, später auch bairische Grafen. Im selben Jahr wurde der damals vierjährige Pippin zum Unterkönig in Italien erhoben; der eigentliche Regent war jedoch Adalhard, ein Vetter Karls des Großen.

44. War Herzog Tassilo von Baiern ein Hochverräter?

Die wichtigste zeitgenössische Geschichtsquelle zur Karolingerzeit, die fränkischen Reichsannalen (*Annales regni Francorum*; siehe Frage 100) berichten, dass Tassilo von Baiern im Jahr 788 abgesetzt worden sei, weil er 756, also noch während der Regierung von Karls Vater Pippin, «Heeresflucht» begangen habe, als er während eines Feldzugs in Aquitanien das Heer des Frankenkönigs im Stich ließ. Außerdem habe er vor kurzem ein Bündnis mit Reichsfeinden, den heidnischen Awaren, geschlossen und sich damit des Hochverrats schuldig gemacht. Ein Gericht aus Adeligen des gesamten Reiches habe ihn deshalb zum Tod verurteilt; Karl habe ihn jedoch zu Klosterhaft begnadigt, doch solle er sein Herrschaftsgebiet verlieren.

Immer wieder ist in den letzten Jahren davon gesprochen worden, dass Karl einen «Schauprozess» gegen Tassilo geführt habe. Da wir aber keine zeitnahen Nachrichten von der Seite des unterlegenen Baiernfürsten besitzen, kann nicht endgültig geklärt werden, ob die Vorwürfe gegen Tassilo nur konstruiert worden waren, um ihn absetzen zu können und sein Land in Besitz zu nehmen, oder ob sie in der Sache zutrafen. Der Rückhalt Tassilos bei den mächtigen Adelsfamilien in Baiern scheint jedenfalls nicht groß gewesen zu sein, denn Karl musste keine militärische Gewalt anwenden, um das Land zu unterwerfen. Die endgültige Eingliederung Baierns ins Frankenreich wurde dadurch demonstriert und gesichert, dass Karl zwischen 791 und 793 zwei Winter in Regensburg, der alten bairischen Hauptstadt, verbrachte.

Allerdings war es anscheinend nötig, Tassilo im Jahr 794 noch einmal vor einer Reichsversammlung und Synode in Frankfurt auftreten zu lassen, wo er in aller Öffentlichkeit seine Schuld zu bekennen hatte. Damals wurde nicht nur ihm persönlich, sondern auch allen seinen Nachkommen jedes Recht auf Baiern abgesprochen. Tassilo und seine beiden Söhne sowie seine Frau und seine zwei Töchter wurden in verschiedenen Klöstern im Westen des Frankenreichs untergebracht und damit von jeder weiteren politischen Aktionsmöglichkeit abgeschnitten.

45. Besaß Baiern eine Sonderstellung im Frankenreich? Es wäre unzutreffend, Baiern für die Zeit vor 788, also bevor es ins Frankenreich eingegliedert wurde, als «Herzogtum» zu bezeichnen; dadurch wird nämlich der falsche Eindruck erweckt, als habe es bereits zum Frankenreich gehört und der bairische «Herzog» sei ein vom Frankenkönig abhängiger und in dessen Auftrag amtierender Amtsträger gewesen. Baiern war hingegen bis 788 ein selbständiges Land und sein Fürst dem fränkischen König nicht unterworfen. Seine selbständige Kirchenpolitik zeigt sich darin, dass er eigene Kontakte zum Papst pflegte und dass die bairischen Bischöfe, die ihren fränkischen Kollegen nicht unterstellt waren, eigene Bischofsversammlungen, Synoden, durchführten.

Diese Sonderstellung Baierns dauerte auch nach 788/794 fort. Das zeigt sich einmal darin, dass Karl seinen Schwager Gerold spätestens 791 als Präfekten in Baiern einsetzte, während es in Alemannien bereits seit 746 keinen *dux* oder Herzog mehr gab und auch in Sachsen kein einzelner weltlicher Amtsträger das ganze Land regierte. Auch auf kirchlichem Gebiet behielt Baiern eine Sonderstellung: Während die alemannischen Bischöfe dem Erzbischof von Mainz unterstellt waren, wurde 798 für Baiern eine eigene Kirchenprovinz geschaffen, und Karls Freund Arn, der 785 in Salzburg Bischof geworden war, stieg zum Erzbischof und zum Leiter der bairischen Kirche auf. Eine gewisse Abweichung von der Tradition könnte darin gesehen werden, dass nicht Regensburg, die alte Hauptstadt des Herzogtums oder Fürstentums Baiern, sondern eben Salzburg der Metropolitansitz der bairischen Kirchenprovinz wurde.

Die Sonderstellung war sicher zum Teil der Tatsache geschuldet, dass Baiern die wichtige Außengrenze nach Südosten gegen die Awaren und die Slawen in Kärnten sowie in Böhmen und Mähren zu bewachen hatte. Baiern behielt auch in der Zeit von Karls Sohn und Nachfolger, Ludwig dem Frommen, eine gewisse Eigenständigkeit: Als Ludwig 817 eine Nachfolgeordnung errichtete, übergab er seinem damals jüngsten Sohn Ludwig (der später den Beinamen «der Deutsche» erhielt) Baiern als eigenes Unterkönigtum.

46. Warum dauerte der Krieg gegen die Sachsen über 30 Jahre?
Nicht erst Karl der Große musste sich kriegerisch mit den Sachsen auseinandersetzen. Einige merowingische Könige sowie Karl Martell und Karls Vater Pippin hatten immer wieder den Rhein überschrit-

ten, um sich für Überfälle zu rächen und die Macht des Frankenreichs im Osten zu demonstrieren.

Die erste militärische Aktion gegen die Sachsen hat Karl bereits im
Jahr 770 unternommen; 772 rückte er dann mit einem starken Heer
gegen deren südlichen Teilstamm, die Engern, vor, die im Gebiet
südlich von Paderborn lebten. Dabei zerstörten die Franken nicht
nur eine wichtige Befestigung, die Eresburg, sondern auch ein Hei-
ligtum, die Irminsul – einen gewaltigen Baumstamm, der nach
sächsischem Glauben das Himmelsgewölbe stützte. Ob Karl bereits
damals beabsichtigte, die Sachsen zum Christentum zu bekehren
und ins Frankenreich einzugliedern, ist umstritten. Aber die Reaktion der Sachsen auf die fränkischen Angriffe gegen ihre Heiligtümer
war nicht Unterwerfung, sondern heftiger Widerstand. Als Karl
773/74 in Italien mit den Langobarden beschäftigt war, vertrieben
die Sachsen die 772 in ihr Gebiet eingedrungenen Franken und dran-
gen ihrerseits auf fränkisches Gebiet vor, wo sie mordeten und brand-
schatzten. Im Winter 774/75 soll Karl den Entschluss gefasst haben,
die Sachsen entweder zu unterwerfen und zu christianisieren oder
aber zu vernichten. Nach weiteren Kriegszügen wurde 776 an der
Quelle der Pader eine Pfalz errichtet, die *civitas Karoli*, also Karlsburg
genannt wurde. Nachdem sie durch einen Aufstand zerstört worden
war, erhielt sie bei ihrem Wiederaufbau den Namen Paderborn. Bereits 777 fand in dieser Pfalz eine fränkische Reichsversammlung
statt, um so die erfolgreiche Eingliederung der Sachsen ins Frankenreich deutlich zu machen. Zahlreiche sächsische Adlige erschienen
auf diesem Reichstag und versprachen ihre Loyalität.

Die Niederlage Karls bei seinem Spanienfeldzug 778 führte jedoch
zu einem erneuten Aufstand der Sachsen, als deren Anführer erstmals Widukind auftrat. Dennoch fanden 780 und 782 wieder Reichsversammlungen im Gebiet der Sachsen, nämlich in Lippspringe,
statt. Vielleicht wurde 782 ein Gesetz erlassen, das jede Aktion gegen
das Christentum und seine Vertreter mit der Todesstrafe bedrohte.
Die Sachsen reagierten aber auch auf diese drakonischen Strafan-
drohungen nicht mit Unterwerfung, sondern neuerlich mit einem
Aufstand, den Karl nur mit Mühe niederwerfen konnte. Die Sachsen
mussten damals zahlreiche Krieger ausliefern, die hingerichtet
wurden (siehe Frage 47). Karl demonstrierte den Sachsen seine
Entschlossenheit, sie endgültig zu bezwingen, und verbrachte den
Winter 784/85 in ihrem Land. An Weihnachten 785 erschien dann

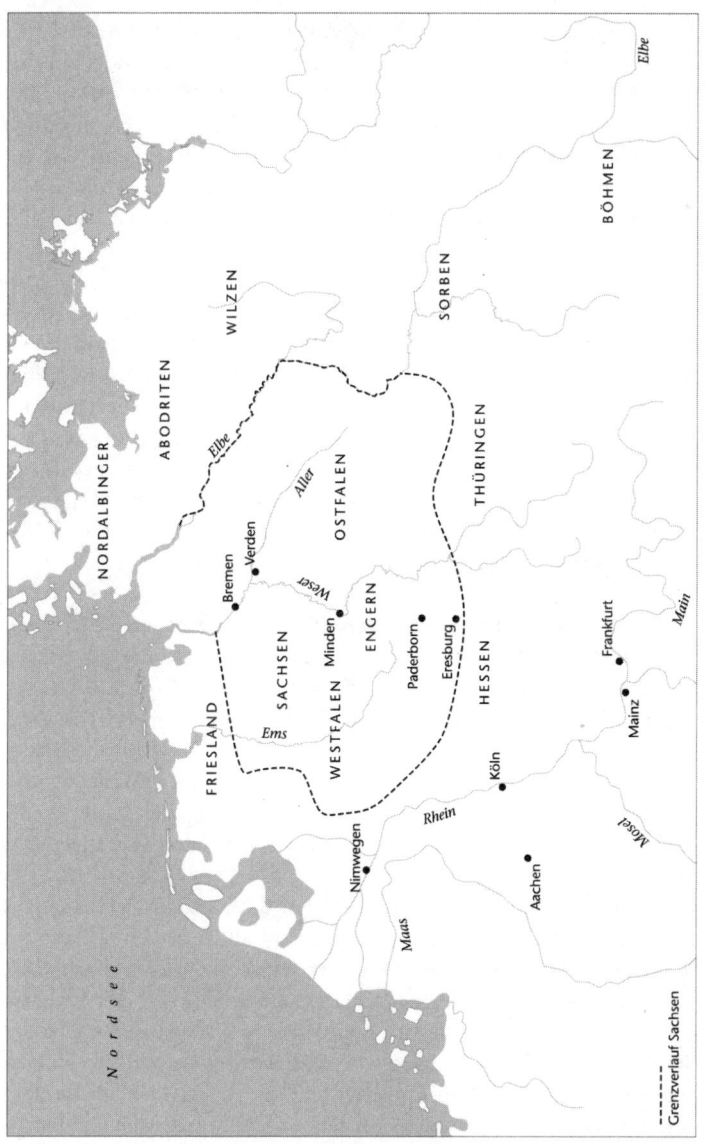

Widukind in der Pfalz Attigny und ließ sich taufen; Taufpate war Karl. Aber die Kämpfe waren noch nicht zu Ende. Besonders in den Jahren der Awarenkriege, 792 bis 797, und wieder 802 bis 804 fanden Feldzüge in Sachsen statt. Nach den Kriegszügen im Gebiet nördlich der Elbe (Nordalbingien) ließ Karl eine größere Anzahl von Sachsen ins Innere des Frankenreichs deportieren, wo sie angesiedelt wurden, wie noch heute die Ortsnamen Sachsenhausen oder Sachsenheim erkennen lassen.

Ein wichtiger Grund für die lange Dauer der Sachsenkriege liegt in der fehlenden einheitlichen Organisation des sächsischen Stammes; es gab keinen König oder Fürsten, der an der Spitze des gesamten Volkes gestanden und für alle verbindlich hätte Entscheidungen treffen können. Auch fehlten städtische Zentren, die man hätte erobern und die ihrerseits dann als Stützpunkte für eine Durchdringung des Landes hätten dienen können; solche Stützpunkte mussten vielmehr erst geschaffen werden. Zudem war das Land kaum durch Wege und Straßen erschlossen; daher war es schwierig, lokale und regionale Widerstandsnester rasch zu erreichen und zu bekämpfen.

47. Wie kann man Karls besondere Grausamkeit gegen die Sachsen erklären? Die Todesstrafe spielt in den fränkischen Rechtsbüchern und in den karolingischen Kapitularien, also den Verordnungen des Frankenkönigs, kaum eine Rolle. Es ist daher ganz außergewöhnlich, dass in der *Capitulatio de partibus Saxoniae* («Kapitular für die Regionen Sachsens») die Todesstrafe für Zerstörung einer Kirche, Ermordung eines Priesters, ja sogar für den Versuch, sich der Taufe zu entziehen, sowie für das Essen von Fleisch in der Fastenzeit angedroht wurde.

Wahrscheinlich als Reaktion auf dieses drakonische Gesetz kam es in Sachsen 782 zu einem heftigen Aufstand, in dessen Verlauf ein fränkisches Heer in offener Schlacht vernichtet wurde. Karl selbst musste eingreifen und verlangte nach seinem Sieg von den Sachsen, eine große Zahl von Kriegern auszuliefern. Nach dem Bericht der Reichsannalen wurden angeblich 4500 Sachsen an einem einzigen Tag durch Enthauptung hingerichtet. Die Richtigkeit der Zahlenangabe wird man bezweifeln dürfen, wie allgemein die Zahlenangaben bei mittelalterlichen Geschichtsschreibern meist sehr unzuverlässig sind. Aber die Tatsache einer äußerst brutalen Strafaktion bleibt bestehen.

Dieser Gewaltexzess hat das Bild Karls in der Geschichte stark beeinträchtigt; bereits Voltaire (1694–1778) hat ihm den Vorwurf gemacht, freiheitsliebende Menschen in großer Zahl umgebracht zu haben. In der NS-Zeit wurde Karl deshalb als «Sachsenschlächter» bezeichnet. Auch wenn uns heute Karls brutale Bestrafung der Aufständischen zutiefst verstört, so müssen wir uns doch bei der Betrachtung von Gesellschaften in ferner Vergangenheit vor anachronistischen Urteilen hüten. Aus Karls Perspektive handelte es sich bei den Hingerichteten um Hochverräter, die den Tod verdienten, weil sie die geschworene Treue gebrochen hatten.

In keinem anderen Eroberungskrieg Karls hat es je eine vergleichbare Tat gegeben. Vielmehr versuchte er, sowohl in Italien als auch in Baiern und im ehemaligen Awarenreich die alten Eliten für sich zu gewinnen. Angehörige der einheimischen Adelsfamilien erhielten wichtige Ämter, und die fränkischen Unterkönige in Aquitanien und Italien umgaben sich mit Adligen aus ihren Teilreichen, um deren Integration ins Frankenreich zu sichern.

48. Wie wurden die Awaren besiegt? Das Volk der Awaren erscheint erstmals 558 in byzantinischen Quellen. In den folgenden Jahrzehnten wurde es – auch wenn es 626 vor Konstantinopel eine schwere Niederlage erlitt – zu einer ständigen Gefahr für das Oströmische Reich. Die Reiternomaden hatten bei ihren Angriffen zahlreiche Siege errungen und im Gegenzug vom Byzantinischen Reich gewaltige Tributzahlungen erhalten. Angriffe nach Westen unternahmen sie nicht, weil dort nicht viel zu holen war. Erst aus dem Jahr 788 ist ein Vorstoß der Awaren nach Baiern und nach Italien bekannt; 790 schickten sie Boten nach Worms, um über eine Grenze zwischen ihrem Reich und dem der Franken zu verhandeln. Zu einer Einigung kam es nicht, aber damals plante Karl der Große, militärisch gegen die Awaren vorzugehen; Einhard hat diesen Krieg – abgesehen vom Krieg gegen die Sachsen – als den größten seines Protagonisten bezeichnet (c.13). Ebenso wie bei den Sachsen handelte es sich auch bei diesen Gegnern aus der Sicht der Franken um Heiden.

Bereits 791 drang ein großes fränkisches Heer entlang der Donau über die Enns und ihre Mündung hinaus vor, um die Awaren zu bekämpfen, die sich jedoch nach Osten zurückzogen, ohne sich einer Schlacht zu stellen. Der Nachschub der Franken wurde über die Donau durch Schiffe gesichert. 792 ließ Karl zudem eine bewegliche Brücke bauen, die auf Schiffen flussabwärts bewegt werden konnte, um so seinem Heer jederzeit die Überquerung der Donau zu ermöglichen. Auch der Plan eines Kanals zwischen Rhein und Donau, mit dessen Umsetzung 793 begonnen wurde, der jedoch letztlich scheiterte (siehe Frage 92), dürfte mit der Sicherung des Nachschubs für das Unternehmen gegen die Awaren zusammenhängen.

In zwei Feldzügen (795 und 796) gelang es Markgraf Erich von Friaul und Karls Sohn Pippin von Italien, bis zu den Ringburgen der Awaren, die in der Pußtaebene östlich der Donau lagen, vorzudringen und riesige Schätze zu erbeuten. Zu größeren Schlachten ist es dabei anscheinend nicht gekommen – wohl deshalb nicht, weil die Awaren damals bereits durch innere Konflikte geschwächt waren. Die zahlreichen awarischen Gefangenen der Franken wurden milde behandelt und bald wieder freigelassen. Die Beute indes wurde an den fränkischen Adel und die Kirche verteilt; aus dem erbeuteten Gold wurden liturgische Geräte angefertigt und neue Kirchen erbaut. Auch der Papst erhielt einen Teil der Awarenbeute.

Die innere Struktur ihres Reiches blieb weitgehend unangetastet; einheimische Fürsten scheinen unter fränkischer Oberhoheit weiterhin Macht ausgeübt zu haben. Sie wurden durch Treueide auf Karl den Großen verpflichtet. 792, 799 und 802/03 kam es noch einmal zu Aufständen, über deren Hintergründe wir aber nicht informiert sind. Die awarischen Fürsten nahmen den christlichen Glauben an und erhielten dabei christliche Namen. Das Volk wurde jedoch anscheinend nicht missioniert, obwohl bereits eine Diskussion über die Form der Mission stattgefunden hatte; vor allem Alkuin hatte davor gewarnt, wie bei den Sachsen mit Gewaltmaßnahmen die Christianisierung zu erzwingen. Ebenso wie Versuche unterblieben, die Awaren zu vernichten oder umzusiedeln, war es unmöglich, die weiten Gebiete Pannoniens mit Kolonisten aus Baiern zu besiedeln. Im Lauf des 9. Jahrhunderts wanderten schließlich Slawen nach Pannonien ein; vielleicht sind die Awaren in den Kämpfen gegen die Bulgaren in den 820er Jahren stark dezimiert worden; zum letzten Mal ist jedenfalls im Jahr 822 von awarischen Fürsten die Rede, die damals vor Kaiser Ludwig dem Frommen erschienen – danach verschwinden sie im Dunkel der Geschichte.

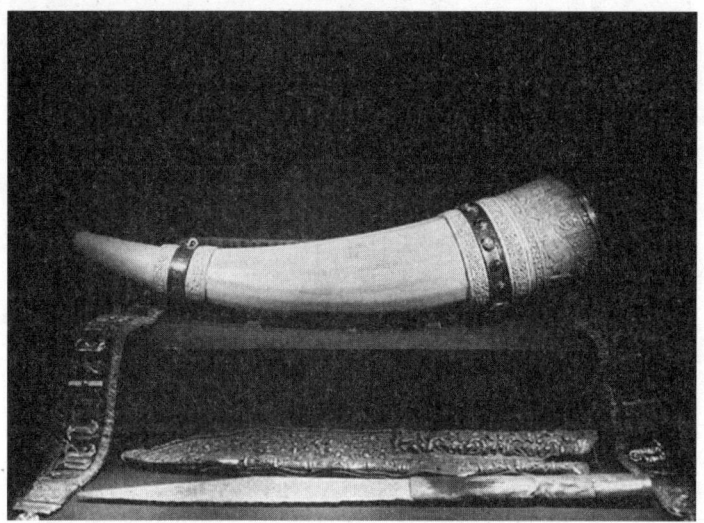

Angebliches Rolandshorn

49. Welche Schwierigkeiten hatte Karl bei seiner Expansion nach Spanien? Während in der Zeit von Karls Großvater Karl Martell Muslime aus Spanien in Gallien, vor allem in Septimanien, sowie in die Provence und Aquitanien einfielen (siehe Frage 14), plante Karl der Große anscheinend bereits in den späten 770er Jahren, die Pyrenäen zu überschreiten und Gebiete südlich des Gebirges zu erobern. Als Ende 777 der Gouverneur von Zaragoza, Sulayman al-Arabi, bei einem Besuch in Aachen Karl um Unterstützung gegen den Emir von Còrdoba, Abd-ar-Rahman, bat, zog der Frankenherrscher mit einem großen Heer im Frühjahr 778 über die Pyrenäen. Da er Zaragoza selbst nicht einnehmen konnte, wandte er sich gegen die christliche Stadt Pamplona, eroberte sie und zerstörte ihre Mauern.

Beim Rückmarsch wurde jedoch seine Nachhut am 15. August 778 in einem engen Tal der Pyrenäen von baskischen Kriegern überfallen, wobei eine Reihe von angesehenen Franken niedergemacht wurde (siehe Frage 80 und 87).

Erst fast 20 Jahre später versuchten die Franken erneut, nach Süden vorzustoßen, nachdem es 792/93 zu einem Einfall der Araber ins südliche Aquitanien gekommen war. Größere und dauerhafte

Erfolge konnten aber erst nach 800 erzielt werden: 803 wurde Barcelona erobert, 809 Tortosa, 810 Huesca und 811 Pamplona. Dieses Gebiet wurde dann ins Königreich Aquitanien eingegliedert, das Karls Sohn Ludwig (der Fromme) als Unterkönig verwaltete; die Grafschaften wurden an Adelige gotischer, also christlich-spanischer Herkunft vergeben. Die Sicherung der Grenze gegen Vorstöße der Muslime übernahmen christliche Flüchtlinge aus Spanien, die bereits seit 780 in größerer Zahl ins Frankenreich gekommen waren. Den Kriegern unter den Neuankömmlingen, die ihrer Herkunft wegen *Hispani* (Spanier) genannt und auf Königsland angesiedelt wurden, hatte man die Grenzsicherung als militärische Aufgabe übertragen. Unter Ludwig dem Frommen wurde dann nach 821 eine eigene Grenzgrafschaft zur Sicherung der Region vor den Muslimen, die sogenannte *Spanische Mark*, geschaffen.

VI. Karl der Kaiser

50. Was ist überhaupt ein Kaiser, und welche Aufgaben hatte er? Das deutsche Wort «Kaiser» leitet sich von dem Namen des römischen Diktators *Caesar* (100–44 v. Chr.) ab, während sich der entsprechende Begriff «emperor» (englisch), «empereur» (französisch) oder «imperatore» (italienisch) in anderen europäischen Sprachen von dem lateinischen Wort *imperator* (Feldherr) herleitet. So geht auch das europäische Kaisertum auf die Römer zurück, obwohl sich die frühen römischen Kaiser seit Augustus (27 v. Chr. bis 14 n. Chr.), dem ersten Kaiser, als *princeps* – der erste unter den Bürgern – bezeichneten; damit freilich verschleierten sie nur das Faktum ihrer Monarchie und ließen zum Schein die alte römisch-republikanische «Verfassung» mit Konsuln und Senat in Geltung. Faktisch aber vereinigten die römischen Kaiser stets die wichtigsten Amtsvollmachten in ihren Händen – oder vergaben einige davon an treue Gefolgsleute –, bekleideten das Amt des Oberpriesters (*pontifex maximus*), stützten sich auf das Heer und übten eine Alleinherrschaft aus.

Um bei der Einführung der Monarchie im Jahre 27 v. Chr. den ersten Princeps über alle übrigen Bewohner des Reiches herauszuheben, legte man ihm den Namen *Augustus* bei, der fortan fester Bestandteil der Titulatur auch aller seiner Nachfolger wurde – und den selbst noch Karl der Große trug (siehe Frage 54). Dieses Wort bedeutet «der Erhabene» und leitet sich von der altrömischen Sakralwürde des *Augurium* ab – der Befähigung, den Willen der Götter aus der Vogelschau zu lesen. Bereits seit den Tagen des Augustus wurde der Kaiser – zunächst im Osten des Reiches, wo derartige Ehrungen von Herrschern Tradition hatten, später auch in anderen Regionen des Imperiums – wie ein Gott verehrt und, sobald er gestorben war, unter die Götter versetzt. Als die römischen Kaiser im 4. Jahrhundert Christen wurden, waren sie zwar nicht länger Götter und wurden auch nach ihrem Tod keine mehr, aber sie blieben Mittler zwischen Gott und den Menschen, Beauftragte Gottes in der Welt, die von Gott erwählt und gekrönt wurden.

Nach dem Untergang des weströmischen Kaisertums 476 (siehe Frage 51) hielten die oströmisch-byzantinischen Kaiser bis zum Fall Konstantinopels 1453 daran fest, dass sie allein das Kaisertum der Römer innehatten. Nach ihrer Vorstellung konnte es neben dem byzantinischen Kaiser keinen anderen Kaiser geben, und zumindest theoretisch erhoben sie den Anspruch, Inhaber der höchsten weltlichen Macht auf Erden zu sein. Solange es ein Oströmisches Reich gab, musste es auch einen Kaiser geben; das Ende des Kaisertums im Osten war – dieser Konzeption entsprechend – gleichbedeutend mit dem Ende des Reiches.

Doch mehr als 300 Jahre nach 476 sollte mit Karl dem Großen im Jahre 800 auch das Kaisertum im Westen wieder aufleben, das institutionell freilich eine ganz andere Entwicklung nahm als das Kaisertum im Osten: So gab es im Westen keine Kontinuität des Kaisertums, sondern immer wieder auch Jahre ohne einen Kaiser, und – was noch wichtiger ist – die Westkaiser erhoben weder den Anspruch noch verfügten sie über die faktische Macht, über alle übrigen christlichen Reiche im Westen zu herrschen, von einer Herrschaft über das Oströmische Reich oder gar über die gesamte Welt ganz zu schweigen. Ihre wichtigsten Aufgaben sahen sie in der Verteidigung des Papstes und dem Schutz der Kirche. Ansonsten bedeutete die neue Würde für die karolingischen und später die ottonischen Kaiser zunächst einmal nicht mehr, als dass sie die Herren Roms und Mittelitaliens waren.

51. Seit wann gab es im Westen des Römischen Reiches keinen Kaiser mehr?

Das Römische Reich wurde durch Kaiser Theodosius I. († 395) unter seine beiden Söhne Arkadius und Honorius aufgeteilt, wobei der ältere Sohn Arkadius den östlichen, der jüngere Honorius den westlichen Reichsteil erhielt. Der Fluss Drina, der die Grenze zwischen den Provinzen Pannonien und Dakien bildete, teilte fortan auch das Reich. Diese Grenze ist bis heute von Bedeutung, weil sie auf Dauer die Ostkirche von der Westkirche getrennt hat, heute also die Trennlinie zwischen dem römisch-katholischen und dem orthodoxen Christentum darstellt. Die Trennung zwischen dem Ostreich und dem Westreich blieb bestehen, bis im Jahr 476 der letzte Westkaiser Romulus mit dem abschätzigen Beinamen Augustulus (‹Kaiserchen›) von dem germanischen Feldherrn und König Odoakar in Pension geschickt wurde. Doch mit diesem Ereignis war der Einfluss des Ostkaisers im Westen noch nicht erledigt, vielmehr hielten diese an der Einheit des Römischen Reiches fest und sahen sich als Nachfolger der Westkaiser. So hat auch der Ostgotenkönig Theoderich seine Eroberung Italiens im Auftrag des Kaisers Zeno (474–491) begonnen, und nach der Eroberung des Ostgotenreichs 552 durch den byzantinischen Feldherrn Narses fiel Italien an den oströmischen Kaiser Justinian (527–565). Allerdings eroberte der Langobardenkönig Alboin im Jahr 568 einen Teil Italiens, vor allem den Nordosten und den Norden, und die Langobarden drängten die byzantinische Herrschaft in Italien in der folgenden Zeit immer weiter zurück. 751 wurde schließlich Ravenna, zeitweilig Hauptstadt des Römischen Reichs, von dem langobardischen König Aistulf erobert.

Der Ostkaiser blieb aber weiterhin im Westen präsent, vor allem in Unteritalien und auf den Inseln, darüber hinaus auch in einigen Gebieten des südlichen Spanien. Die Päpste pflegten ihre Wahl dem Kaiser in Byzanz mitzuteilen, sie datierten ihre Urkunden nach den Regierungsdaten der Kaiser und prägten in deren Auftrag Münzen. Dies alles änderte sich erst im 8. Jahrhundert; damals beförderte insbesondere die vom byzantinischen Kaiser Leo III. (717–741) unterstützte Ablehnung der Bilderverehrung die Entfremdung zwischen der Ost- und der Westkirche.

Seit den Tagen des Papstes Zacharias (741–752) verzichteten die Päpste darauf, ihre Erhebung dem Kaiser in Byzanz mitzuteilen, und Papst Hadrian I. (772–795) unterließ es gar, das Bild des Ostkaisers auf seine Münzen zu prägen und seine Urkunden nach den Regierungsjahren der byzantinischen Kaiser zu datieren. Nach der Kaiserkrönung Karls (800) datiert die päpstliche Kanzlei nach den Kaiserjahren des Herrschers.

52. Wozu brauchte man im Jahr 800 einen Kaiser?

Ausdrücklich wird diese Frage in keiner unserer Quellen beantwortet. Aber es gibt doch einige Anhaltspunkte:

1. Am 25. April 799 war in Rom ein Attentat auf Papst Leo III. (795–816) verübt worden. Der verwundete Papst konnte sich verstecken und wurde von einem sich in der Nähe Roms aufhaltenden fränkischen Amtsträger in Sicherheit gebracht. Wenige Wochen später reiste Leo III. ins Frankenreich; König Karl empfing den Papst in Paderborn, wo zweifellos auch über die Situation in Rom gesprochen wurde und darüber, wie die Sicherheit des Papstes künftig besser gewährleistet werden könnte. Nach dem Bruch mit dem östlichen Kaisertum brauchte der Papst einen neuen Beschützer, und der konnte nach Lage der Dinge nur der fränkische König sein. In Rom mussten die Vorwürfe gegen Leo ausgeräumt und die Attentäter be-

straft werden. Dies konnte nur nach römischem Recht und allein durch einen Kaiser geschehen.

2. Im Jahr 797 hatte Kaiserin Irene in Byzanz ihren Sohn Konstantin VI. absetzen und verstümmeln lassen. Es gab also keinen männlichen Kaiser mehr, sondern «nur» eine Kaiserin. Für die Franken war es anscheinend undenkbar, dass eine Frau das legitime Oberhaupt eines Reiches sein konnte. Nachdem bereits die Lorscher Annalen, eine zeitgenössische Quelle, dieses Argument angeführt hatten, hat eine Vita aus der Mitte des 9. Jahrhunderts diese Vorstellung noch weiter ausgebaut: «Als bei den Griechen in Ermangelung männlicher Nachkommen ein Weib die Zügel der Regierung in die Hände bekam, wurde durch Wahl des römischen Volkes die kaiserliche Gewalt auf die Franken übertragen.» Dieser Gedanke der Übertragung, der «Translation» des Kaisertums von den Griechen auf die Franken, sollte im weiteren Verlauf des Mittelalters noch große Bedeutung erhalten.

3. Die Macht des Frankenkönigs Karl war so groß wie nie die Macht eines Königs im Westen des ehemaligen Römerreichs. Karl hatte das Christentum unter Völkern verbreitet, die bis dahin den christlichen Glauben nicht angenommen hatten, wie die Sachsen und die Awaren.

In einer fränkischen Quelle wird zudem darauf hingewiesen, dass Karl nicht nur Rom, sondern auch die vier Hauptstädte des spätantiken Römischen Reiches, Arles, Mailand, Trier und Ravenna, in Besitz hatte.

4. Alkuin hat Karls Reich als *imperium christianum*, als christliches Kaiserreich, bezeichnet; auch die Bezeichnung *imperium Francorum*, fränkisches Kaiserreich, findet sich bereits in zwei Briefen aus dem Jahr 799, also vor der Kaiserkrönung.

5. Ob auch die Erwartung des Weltendes bei der Kaisererhebung eine Rolle spielte, ist nicht ganz sicher. Unbestreitbar ist aber, dass nach der Berechnung des Alters der Welt durch die Kirchenväter Eusebius von Caesarea († um 340) und Hieronymus († 427) mit dem Jahr 800 das 6000. Jahr nach der Erschaffung der Welt erreicht war. Und das musste nach einem verbreiteten Glauben das Ende der Welt einläuten: Da nach der Bibel 1000 Jahre einem Tag entsprechen (Psalm 90,4) und da die Schöpfung sechs Tage in Anspruch genommen hatte, bis am siebten Tag der Schöpfer einen Ruhetag einlegte (Genesis 2, 1–4), war nach verbreitetem Glauben nach 6000 Jahren

die Schöpfung an einen Endpunkt gelangt. Allerdings wurde diese Rechnung nicht von allen Chronographen anerkannt; seit dem angelsächsischen Gelehrten Beda Venerabilis († 735) war die Meinung weit verbreitet, dass die Welt im Jahr 800 erst 4752 Jahre alt sei; damit ist ihr Ende erst mit dem Jahr 2048 zu erwarten!

53. Wurde Karl durch die Kaiserkrönung überrascht, und was störte ihn daran? Wenn man davon ausgeht, dass die Kaiserkrönung eine Folge des Attentats auf Papst Leo III. war, dann wird man nicht ausschließen können, dass der Papst während seines Besuchs in Paderborn im Sommer 799 mit dem Frankenkönig über dessen Erhebung zum Kaiser gesprochen hat. Auch sonst ist es recht unwahrscheinlich, dass Karl und seine Umgebung in Rom nichts von den Vorbereitungen auf die Kaiserkrönung mitbekommen haben sollten, denn die Ausbringung von Kaiserlaudes – Lob- und Bittgesänge für den künftigen Kaiser – musste sicher eingeübt werden, da Rom zuletzt im Jahr 663 den Besuch eines Kaisers erlebt hatte.

Interessant und viel diskutiert ist nun Einhards knapper Bericht über die Kaiserkrönung (c. 28): «Die Römer hatten Papst Leo schwer misshandelt, ... so dass er sich gezwungen sah, den König um Schutz zu bitten. Daher begab sich Karl nach Rom, um die verworrenen Zustände der Kirche zu ordnen ... Bei dieser Gelegenheit erhielt er den Kaiser- und Augustus-Titel, der ihm anfangs so zuwider war, dass er erklärte, er würde die Kirche selbst an jenem hohen Feiertag nicht freiwillig betreten haben, wenn er die Absicht des Papstes geahnt hätte.»

In der Forschung hat man immer wieder versucht, diesen Bericht herunterzuspielen. So wird Karls Widerstand lediglich als Bescheidenheitstopos verstanden oder als Ausdruck seiner Bedenken, dass eine Annahme des Kaisertitels zu Schwierigkeiten mit dem Byzantinischen Reich führen werde. Man wird aber vermuten dürfen, dass Karl sich in den letzten Jahren seines Lebens im Freundeskreis über die Ereignisse in Rom an Weihnachten 800 so geäußert hat, wie es in der Karlsvita beschrieben wird, und dass Einhard dies selbst aus Karls Mund vernommen hat. Zwei Punkte dürften Karl vor allem verärgert haben: einmal, dass der Papst sich zum Kaisermacher aufschwang, als er ihm die Krone aufsetzte, und zum anderen, dass die Römer als Träger des Reichs auftraten.

Dass Karl eine Kaiserkrönung durch den Papst ablehnte, kann man auch daran erkennen, wie er die Kaiserkrönung seines Sohnes

Der heilige Petrus übergibt Leo III. das Pallium und Karl dem Großen eine Fahnenlanze (Nachzeichnung eines Mosaiks am Palast auf dem Lateran).

Ludwig im September 813 durchführen ließ: Diese Krönung fand in Aachen statt, und entweder setzte Karl seinem Sohn die Krone auf oder dieser tat es selbst; ein kirchlicher Amtsträger war daran nicht beteiligt.

54. Welchen Titel benutzte Karl als Kaiser, und wie sah er als Kaiser aus? Aus dem Titel «Karl, erhabener Augustus, von Gott gekrönter großer und friedebringender Kaiser, Lenker des Römischen Reichs, der durch die Gnade Gottes auch König der Franken und Langobarden ist» geht hervor, dass Karl nicht auf seinen Königstitel verzichten wollte und auch an der Erwähnung der beiden Reichsvölker der Franken und der Langobarden festhielt. Die Römer treten überhaupt nicht als Reichsvolk auf, und auch der Papst wird nicht erwähnt. Es ist Gott, der Karl zum Kaiser gekrönt hat.

Über Karls Kaisergewänder sind wir wieder einmal nur durch Einhard informiert. Er berichtet, dass Karl gewöhnlich in fränkische Tracht gekleidet war, die sich nur wenig von der des gewöhnlichen Volkes unterschied. «An hohen Festtagen trug er golddurchwirkte Kleider und Schuhe, auf denen Edelsteine glänzten. Sein Umhang wurde dann von einer goldenen Spange zusammengehalten, und er schritt im Schmucke eines Diadems einher.» In Rom trug er bei zwei Anlässen eine lange, bis zu den Knöcheln reichende Tunika, darüber eine Chlamys, d. h einen durch eine Spange auf der Schulter zusammengehaltenen griechischen Kriegermantel, und römische Schuhe. Damit sind wohl die Kaiserstiefel gemeint, rote, mit Perlen und Edelsteinen geschmückte Stiefel, wie sie sich aus staufischem Besitz im Kaiserschatz in Wien befinden. Nicht nur diese Stiefel hat Karl nie getragen, sondern auch andere Stücke der in Wien aufbewahrten Reichsinsignien hat Karl nie berührt, so die Reichskrone, den Reichsapfel, das Zepter und das Reichsschwert (siehe Frage 95).

Spätere Darstellungen zeigen Karl dann allerdings in den Gewändern der hoch- und spätmittelalterlichen Kaiser (siehe die Abbildung S. 86).

55. Wie dachte man in Byzanz über Karls Kaiserkrönung? In der byzantinischen Historiographie hat das Ereignis vom Weihnachtstag 800 nur geringe Spuren hinterlassen. Lediglich der griechische Mönch und Geschichtsschreiber Theophanes Confessor beschreibt die Kaiserkrönung Karls folgendermaßen:

«Der Papst krönte Karl am 25. Dezember zum römischen Kaiser in der Kirche des heiligen Apostels Petrus, nachdem er ihn vom Kopf bis zu den Füßen gesalbt und ihm das kaiserliche Gewand angelegt und die Krone aufgesetzt hatte.» Für byzantinische Leser, die keine Salbung eines Herrschers kannten, musste dieser Bericht eher komisch wirken. Etwas später schreibt Theophanes dann, Karl habe geplant, mit einer Flotte Sizilien, das damals noch zum Byzantinischen Reich gehörte, zu überfallen, habe aber darauf verzichtet und beschlossen, die Kaiserin Irene zu heiraten; er habe daher Gesandte an sie abgeordnet (siehe Frage 76). Die westlichen Quellen wissen allerdings von einem solchen Heiratsplan nichts.

Albrecht Dürer, Karl der Große

Irene wurde zwar Ende Oktober 802 gestürzt, aber der neue Kaiser Nikephoros I. (802–811) setzte die Politik der Verständigung mit den Franken fort. Kriegerische Auseinandersetzungen zwischen den Franken und Byzanz gab es nicht wegen der Zweikaiserfrage, sondern deshalb, weil Karl 806 bisher byzantinische Gebiete in Venetien und Dalmatien in sein Reich eingliederte. 811 fiel Kaiser Nikephoros im Kampf gegen die Bulgaren; sein Nachfolger Michael I. (811–813) anerkannte das Kaisertum Karls, der im Gegenzug im Streit um Venetien einlenkte. Zur Sicherung des Friedens gab es noch einmal ein Heiratsprojekt: Michael wollte seinen Sohn mit einer Tochter Karls des Großen verheiraten (siehe Frage 76).

VII. Karl und die Kirche

56. Wie wurde man Bischof in Karls Reich? Die Bischöfe hatten im Mittelalter nicht nur ein kirchliches Amt inne, sondern sie wirkten auch an der Verwaltung des Reiches und an der Gerichtsbarkeit mit, daher war ihre Erhebung auch ein politisch bedeutender Akt. Bereits in der Merowingerzeit hatten die Könige erfolgreich versucht, die Erhebung der Bischöfe maßgeblich zu beeinflussen, obwohl nach dem Kirchenrecht dieses Amt durch eine Wahl von Klerus und Volk, also durch die Geistlichen und die Gläubigen ihrer Bischofsstadt, vergeben werden sollte. Gewählt werden konnte übrigens eigentlich nur ein Geistlicher, der an der Bischofskirche bereits ein Amt innehatte.

Insgesamt gab es im Frankenreich in der Zeit Karls ungefähr 180 Diözesen (kirchliche Verwaltungsbezirke, deren jeder einem Bischof unterstand), und es war schon wegen der unzureichenden Verkehrsverhältnisse nicht möglich, dass der Herrscher aus allen Regionen seines Reiches rechtzeitig erfuhr, wenn ein Bischof verstorben und eine Neuwahl vorzunehmen war. Wir dürfen aber annehmen, dass er wenigstens in solchen Bistümern, die ihm besonders wichtig waren, den von ihm gewünschten Kandidaten durchsetzen konnte, auch wenn unsere Quellen nur von ganz wenigen Einzelfällen berichten, in denen Karl die Erhebung eines Bischofs veranlasst hat. Vor allem dann, wenn Bischöfe aus entfernten Orten an ihre neue Wirkungsstätte gekommen sind, dürfen wir vermuten, dass sie ihr Amt durch den Einfluss des Herrschers erlangt haben. Auch kennen wir einige Männer aus Karls Umgebung, die zu Bischöfen aufgestiegen sind; so avancierte etwa der Grammatiker Paulinus 787 zum Patriarchen von Aquileia und der aus Spanien stammende Theodulf wurde vor 798 zum Bischof von Orléans erhoben (siehe Frage 67). Andere Bischöfe waren zuvor in der Hofkapelle tätig gewesen (siehe Frage 39).

Die meisten Bischöfe kamen aus Adelsfamilien, die in der Region ihrer späteren Diözese begütert waren; so war es schon in der Merowingerzeit gewesen. In der Karlsbiographie Notkers von St. Gallen (siehe Frage 99) gibt es allerdings die berühmte Geschichte von Karls Visitation einer Klosterschule, wobei er die Söhne von Adligen wegen ihrer Faulheit streng tadeln musste, während Schülern einfacher Herkunft ein Aufstieg zum Bischofsamt versprochen wurde, weil sie fleißig lernten. In Wahrheit war jedoch die Anzahl von Bischöfen einfacher oder gar unfreier Herkunft minimal. Aus Karls Zeit kennen wir keinen einzigen; unter Ludwig dem Frommen wurde nur der (von derselben Amme gesäugte) «Milchbruder» Ludwigs, Ebo, zum Erzbischof von Reims erhoben. Als er dann von seinem Kaiser abfiel, wurde dies von Ludwigs Biographen Thegan heftig kritisiert, er nannte Ebo einen «dreckigen Bauern».

57. Wie viele Klöster hat Karl gegründet? Wenn man den zahlreichen Legenden über Karl den Großen Glauben schenken würde, dann müsste Karl eine große Anzahl von Klöstern gegründet haben: allein in Frankreich so viele, wie das Alphabet Buchstaben hat. Die Wahrheit sieht aber ganz anders aus: Im Unterschied zu den meisten Herrschern des Mittelalters besaß Karl der Große ein eher distanziertes Verhältnis zu Klöstern und Mönchen. Er hat kaum neue Klöster gegründet und auch nur wenige großzügige Schenkungen an bestehende Abteien veranlasst. Er nahm aber wichtige Klöster in seinen Schutz, was bedeutete, dass er ihren Abt ernennen konnte, der eigentlich durch den Konvent hätte gewählt werden sollen. Das 764 gegründete Kloster Lorsch wurde wenig später dem Schutz des Frankenkönigs unterstellt. 775 übertrug Erzbischof Lull von Mainz das Kloster Hersfeld an Karl und 782 das Kloster Fritzlar.

Eine Besonderheit der Karolingerzeit war, dass Laien das Amt eines Abts innehaben konnten. Karl der Große war es, der seinen engen Vertrauten Angilbert und Alkuin (siehe Frage 67) bedeutende Abteien übergab, obwohl beide keine Priesterweihe hatten; manche Äbte standen mehreren Klöstern vor, was eigentlich gegen die kirchenrechtlichen Bestimmungen verstieß.

Karl war auch misstrauisch, was den Eintritt von Laien in Klöster betraf, denn er befürchtete, dass es sich dabei um solche Personen handelte, die sich ihren Verpflichtungen zur Heeresfolge oder zum Gerichtsdienst entziehen wollten.

Vielleicht lässt sich wenigstens eine engere Beziehung Karls zu einem bestimmten Kloster daraus ableiten, dass er den Wunsch äußerte, im Kloster Saint-Denis begraben zu werden. Ob er später diese Absicht geändert hat, wissen wir nicht. Seine Töchter jedenfalls ließen ihn in der von ihm gestifteten Pfalzkapelle in Aachen beisetzen (siehe Frage 31).

58. Was wissen wir über Karls Beziehungen zu den Päpsten? Über die Beziehungen der Karolinger zu den Päpsten wissen wir recht gut Bescheid, weil sich eine Handschrift erhalten hat, in der 99 Briefe von Päpsten an Karl Martell, Pippin und Karl den Großen aus den Jahren 739 bis 791 zusammengestellt sind. Intensiviert wurden diese Beziehungen durch die Reise Papst Stephans II. ins Frankenreich (753/54), als der Papst König Pippin um Hilfe gegen die Langobarden bat. Pippin unternahm kurz darauf zwei siegreiche Kriegszüge nach Italien und übertrug einige Gebiete an den Papst, die die Langobarden ihm zuvor abgenommen hatten. Im März 773 erschien dann eine Gesandtschaft Papst Hadrians I. (772–795) bei Karl dem Großen und bat ihn um Hilfe gegen die Langobarden. Noch im gleichen Jahr zog Karl gegen deren König Desiderius, und während dieses Feldzugs kam es am Osterfest 774 zum ersten Rombesuch des Frankenkönigs. Der *Liber Pontificalis*, das offizielle Geschichtswerk der Päpste, schildert Karls Empfang in Rom vor der Peterskirche folgendermaßen: «Als Karl angekommen war, küsste er die einzelnen Stufen und kam so zum Papst, der oben in der Vorhalle neben den Pforten der Kirche stand. Sie umarmten sich, dann ergriff Karl die rechte Hand des Papstes. So traten sie ... in die Peterskirche ein ...» Ein wesentlicher Punkt bei den Verhandlungen war die Erneuerung der Schenkungen Pippins (754) an Papst Stephan II. Wenn Karl aber tatsächlich, wie der Liber Pontificalis berichtet, große Teile Mittel- und Oberitaliens dem heiligen Petrus geschenkt hat, also jene Gebiete, die bis ins 19. Jahrhundert den Kirchenstaat bildeten, dann ging er weit über das Schenkungsversprechen seines Vaters hinaus, denn jetzt sollten angeblich auch die Herzogtümer Spoleto und Benevent unter die Herrschaft des Papstes kommen.

Für die Beziehungen zwischen Hadrian I. und Karl war ferner sehr wichtig, dass der Papst beim nächsten Besuch Karls in Rom im Jahr 781 die Patenschaft für die beiden Söhne Karlmann, der damals den Namen Pippin erhielt, und Ludwig (den Frommen) übernahm. Damit hatten Papst und Frankenkönig eine geistliche Verwandtschaft begründet, was im frühen Mittelalter geradezu als Blutsverwandtschaft aufgefasst wurde.

Anfang 787 hielt sich Karl noch einmal für einige Wochen in Rom auf; welche Themen dabei besprochen wurden, wissen wir aber nicht. Noch in diesem Jahr kam es dann zu schweren Spannungen zwischen Papst und Frankenkönig, da der Papst Legaten nach Konstantinopel schickte, die dort am Konzil von Nicaea (787) teilnahmen, auf dem die Verehrung der Bilder neu und im Sinne des Papstes dogmatisch definiert wurde. Die fränkische Kirche war dabei nicht vertreten, was Karl nicht akzeptieren wollte (siehe Frage 59).

Auf Dauer blieben die Beziehungen zwischen Karl und Hadrian I. jedoch gut; und als der Papst am 25. Dezember 795 verstarb, beweinte Karl den toten Papst wie einen Bruder oder Sohn. Alkuin verfasste in seinem Auftrag ein Epitaph, das in Rom in goldenen Buchstaben in schwarzen Marmor gehauen wurde; die Inschrift ist noch heute in der Vorhalle der Peterskirche zu sehen.

Die Beziehungen zwischen Leo III. (795–816) und Karl dem Gro-ßen wurden offiziell durch die Wahlanzeige aufgenommen, die der neue Papst an den Frankenkönig schickte. Mit Karls Unterstützung konnte sich Leo III. gegen seine innerrömischen Gegner durchsetzen (siehe Frage 52). Durch die Kaiserkrönung kam es aber nicht zu einer Vertiefung der Beziehungen, denn Karl reiste nach 801 nicht mehr nach Rom, und auch der Besuch Leos im Frankenreich 804/05 konnte die Missstimmung nicht beseitigen.

59. Wie hielt es Karl mit dem rechten Glauben? Nicht nur durch die Ernennung von Bischöfen und Äbten und durch die Verfügung über das Kirchengut zeigte sich Karl als Herr der Kirche, sondern er kümmerte sich auch um Glaubensfragen. Dass der Frankenkönig dazu berechtigt war, hat Alkuin in einem Brief an den Ende 795 ge-wählten Papst Leo III., den er im Auftrag Karls schrieb, so formuliert:

«Unsere (d. h. Karls) Aufgabe ist es, mit Hilfe der göttlichen Zu-wendung die Kirche Christi überall vor dem Einfall der Heiden und der Verwüstung durch die Ungläubigen nach außen mit den Waffen zu verteidigen und im Innern die Anerkennung des katholischen Glaubens zu sichern. Eure Aufgabe ist es, heiligster Vater, mit zu Gott erhobenen Händen wie Moses unser Waffenwerk zu unterstüt-zen, damit das christliche Volk durch Eure Fürsprache mit Gott als Führer und Geber über die Feinde seines Namens immer und überall den Sieg erringen möge und der Name unseres Herrn Jesus Christus in der ganzen Welt gepriesen werde.» Der Papst wird also auf die pas-sive Rolle des Betenden beschränkt, während der Frankenkönig so-wohl nach Außen gegen die Ungläubigen als auch nach Innen gegen Häretiker zu kämpfen hat.

Aber nicht erst gegenüber dem neuen Papst Leo III. hob Karl seine

Rechte als Verteidiger des Glaubens hervor; dies hatte er auch schon gegenüber Hadrian I. getan. In Konstantinopel hatte die Kaiserin Irene 787 den Streit um die Anbetung der Bilder auf dem 2. Konzil von Nicaea beendet, der 726 ausgebrochen war und in dessen Verlauf das Konzil von Hiereia im Jahr 754 die Bilderverehrung in Form eines Dogmas verurteilt hatte. Karl der Große war anscheinend darüber verärgert, dass kein Vertreter der fränkischen Kirche zum Konzil von 787 eingeladen worden war; Kaiserin und Papst waren wohl der Meinung, dass die Kirche im lateinischen Westen durch einen Legaten des Papstes ausreichend vertreten sei.

Karl ließ seine Hoftheologen eine Schrift gegen die Beschlüsse des Konzils von 787 verfassen und schickte dem Papst einen Auszug daraus zu. In diesen sogenannten *Libri Carolini* wurden die Byzantiner (und implizit auch der Papst) heftig angegriffen, und die in Nicaea dogmatisierte Form der Bilderverehrung wurde als häretisch bezeichnet. Der Widerstand Hadrians I. führte aber dazu, dass Karl an dieser radikalen Verurteilung nicht festhielt.

In Spanien hatte sich im Lauf des 8. Jahrhunderts eine andere Häresie (eine der Großkirche widersprechende Position in Glaubensfragen) entwickelt, der sogenannte Adoptianismus. Dessen Verfechter vertraten die Auffassung, dass Christus kein leiblicher, sondern ein adoptierter Sohn Gottes sei. Diese Vorstellung stand der theologischen Annahme entgegen, dass Christus eine göttliche Natur habe. Auf drei Synoden im Frankenreich – in Regensburg 792, in Frankfurt 794 und in Aachen 799 – wurde die Vorstellung der spanischen Bischöfe Elipandus von Toledo und Felix von Urgell als häretisch verurteilt. Karl fühlte sich für die spanische Kirche mitverantwortlich, obwohl sie nicht zu seinem Reich gehörte, aber Mitglieder dieser Kirche im Frankenreich vor den Muslimen Zuflucht gefunden hatten.

Eine fränkische Besonderheit war der Zusatz des *Filioque* zum Glaubensbekenntnis, der besagte, dass der Heilige Geist vom Vater «und vom Sohn» (= *Filioque*) ausging. Diesen Zusatz hatten die Franken von den Westgoten übernommen. Sie versuchten, ihn wenigstens in der westlichen, lateinischen Kirche zur Anerkennung zu bringen. 809 trat in Aachen ein Konzil zusammen, das über den Ausgang des Heiligen Geistes diskutierte; wie es in den Reichsannalen heißt, wurden dann Bischof Bernarius von Worms und Abt Adalhard von Corbie nach Rom zu Papst Leo geschickt, «um eine dogmatische

Entscheidung zu erhalten». Das bedeutet, dass Karl dem Papst in dieser wichtigen dogmatischen Frage das letzte Wort überlassen wollte. Weil der Zusatz die Einheit mit der Ostkirche gefährdet hätte, lehnte der Papst allerdings die Aufnahme des *Filioque* ins Credo ab. Im Frankenreich hat man jedoch diesen Zusatz weiterhin in der Messe gesungen.

60. Weshalb waren Kirchenversammlungen für Karl wichtig? In der Zeit Karls lassen sich Kirchen- und allgemeine Reichsversammlungen nur schwer voneinander unterscheiden, und wegen der Bedeutung der Kirche für die Gesellschaft war es für einen Herrscher sehr wichtig, auch die kirchlichen Versammlungen unter seiner Kontrolle zu halten. An beiden Formen von Versammlungen nahmen sowohl geistliche als auch weltliche Große teil, wenn sie auch manchmal getrennt voneinander tagten. Auch die Tagesordnung der Versammlungen lässt erkennen, dass es keine strikte Trennung zwischen geistlichen und weltlichen Angelegenheiten gab. Die Versammlungen fanden meist im März und im Oktober statt; eigentlich sollte im März eine allgemeine Zusammenkunft durchgeführt werden, auf der die unmittelbar für das laufende Jahr anstehenden Aktionen beschlossen werden sollten, während im Oktober nur die wichtigsten Ratgeber zusammentraten. In enger Verbindung mit einer Reichsversammlung standen die Synoden von Regensburg (792), Frankfurt (794) und Aachen (802).

Bei dieser letzten Versammlung sind wir sogar einmal über Einzelheiten des äußeren Ablaufs informiert. Die Lorscher Annalen berichten nämlich: «Im Monat Oktober versammelte der Kaiser eine allgemeine Synode am genannten Ort (Aachen) und ließ dort die Bischöfe mit den Priestern und Diakonen alle Kanones (kirchenrechtliche Bestimmungen) lesen, die die heilige Synode annahm, sowie die Dekrete der Päpste ... In ähnlicher Weise versammelte er auf der Synode alle Äbte und Mönche, die anwesend waren, und sie traten zusammen und lasen die Regel des heiligen Vaters Benedikt ... Und der Kaiser selbst versammelte während dieser Synode die Herzöge, Grafen und das übrige christliche Volk mit den Rechtskundigen und ließ alle Gesetze des Reiches verlesen ... und er ließ (die Gesetze) verbessern, wo immer es notwendig war ...»

Es gab auch Reichssynoden ohne Beziehung zu einer Reichsversammlung, so in den Jahren 800, 801 und 809; sie fanden alle in

Ein karolingischer
König (Bernhard
von Italien?) und
die Kirche (?)

Aachen, und damit in der Nähe und wohl auch unter der Aufsicht
Karls statt. Unter den Synoden, an denen der König oder Kaiser
nicht selbst teilnahm, ist vor allem das «Synodenquintett» von 813
zu nennen – fünf parallel tagende Synoden, die an fünf verkehrs-
günstig gelegenen Orten des Reiches stattfanden, um eine möglichst
vollzählige Präsenz des Episkopats (die Gesamtheit der Bischöfe) zu
gewährleisten. Sie traten in Mainz, Reims, Chalon-sur-Saône, Tours
und Arles zusammen.

61. War Karl fromm? Da es keine Selbstaussagen Karls über seine
innersten Empfindungen gibt, können wir diese Frage nur indirekt
beantworten. Karls Biograph Einhard spricht eingehend von der persönlichen Frömmigkeit seines Helden. So heißt es etwa in c. 26 und
27: «Die christliche Religion ... hielt er gewissenhaft und fromm in
höchsten Ehren ... Er besuchte die Kirche regelmäßig morgens und

abends, nahm an den nächtlichen Stundengebeten und an den Messen teil, solange es seine Gesundheit erlaubte ... Größte Aufmerksamkeit widmete er der Verbesserung des liturgischen Lesens und des Psalmengesangs; er war in beidem selbst wohl bewandert, obwohl er in der Öffentlichkeit nie vorlas und nur leise im Chor mitsang.» Weiter schreibt er: «Ganz besonders lag Karl die Unterstützung der Armen am Herzen ... Er übte diese Tugend nicht nur in seinem eigenen Reich, sondern schickte auch den Christen in Syrien, Ägypten und Afrika ... aus Mitleid mit ihrer Lage regelmäßig Geld über das Meer ... Er verehrte die Kirche des heiligen Apostels Petrus in Rom vor allen anderen heiligen Stätten und beschenkte sie mit großen Mengen von Gold, Silber und Edelsteinen.»

Die hier vor allem erwähnten Zeichen von persönlicher Gläubigkeit, *pietas* (Frömmigkeit), und *largitas* (Freigebigkeit), gehörten traditionell zu den Tugenden eines Königs, und daher musste Einhard in seiner Karlsvita diese Haltungen auch bei Karl besonders hervorheben. Aber dürfen wir deshalb an der Richtigkeit seiner Angaben zweifeln?

Und wie steht es mit der Vereinbarkeit der Handlungen des brutalen Eroberers mit den christlichen Tugenden? Zu den Herrschertugenden gehören weiterhin auch Gerechtigkeit und Milde. Daher betonen Einhard und auch die anderen vom Hof beeinflussten Quellen immer wieder, dass Karl – etwa bei der Bestrafung von Empörern – das ursprüngliche Todesurteil durch eine Einweisung ins Kloster abgemildert habe. Die Gewaltsamkeit aber, die die Franken etwa bei der Niederwerfung und Missionierung der Sachsen bewiesen, war im Verständnis der Zeit ein berechtigtes Vorgehen gegen Ungläubige. Hochverrat und Aufruhr, wie sie etwa die Sachsen nach ihrer ersten Unterwerfung im Jahr 777 und dann vor allem 782 zeigten, waren todeswürdige Verbrechen und ihre Bestrafung keine rechtlose Gewalt. Brutale Handlungen, die ein König in Ausübung seiner Herrschaft anweisen musste, stehen erst für uns im Widerspruch zu einem wahren christlichen Leben.

62. Hat Karl einem Bischof eine balsamierte Hausmaus verkaufen lassen? Die zahlreichen Geschichten um Karl, die der Mönch Notker von Sankt Gallen (um 840 – 912) in seinen *Gesta Karoli Magni* (Taten Karls des Großen) erzählt (siehe Frage 99), zeigen immer wieder, wie sehr Karl bereits zwei Generationen nach seinem Tod zu einer sagenhaften Gestalt verklärt worden war, der man auch eine besondere Listigkeit andichtete. In einer der vielen kleinen Episoden wollte Notker anscheinend die Verweltlichung und Verschwendungssucht von Bischöfen seiner Zeit anprangern. Der Mönch behauptet nämlich, Karl habe von einem Bischof gewusst, dass er das Vermögen seiner Kirche verschwendete, um sich selbst ausgefallene und erlesene Dinge zu kaufen, anstatt es für die Armen zu verwenden. Daher habe der König einen Kaufmann, der mit dem Orient Handel trieb und öfter an seinem Hof weilte, dazu animiert, dem Bischof einen Streich zu spielen. Der Fernhändler machte jenem nämlich weis, er könne ihm ein ganz seltenes Tier aus dem Orient verkaufen, das er in einbalsamierter Form besitze. Der Bischof habe nach längerem Feilschen einen vollen Scheffel Silber dafür bezahlt und gar nicht gemerkt, dass es sich bei dem Tier lediglich um eine einbalsamierte Hausmaus handelte. Nachdem der Händler Karl von dem gelungenen Coup berichtet und das empfangene Geld abgeliefert hätte, habe der König wenige Tage später alle Bischöfe und Großen zusammengerufen, sie in einer Rede daran erinnert, für die Armen zu sorgen, und angeprangert, dass ein Bischof einem jüdischen Händler viel Geld für eine einbalsamierte Maus gezahlt hätte. Daraufhin habe sich der ertappte Bischof dem König zu Füßen geworfen und um Gnade gebeten, die Karl nach einer Strafpredigt auch gewährt habe. Umstritten ist, ob Notker damit den Mainzer Erzbischof Riculf (787–813), einen Verwandten der Königin Fastrada und Mitunterzeichner von Karls Testament, lächerlich machen wollte.

VIII. Bildung und Wissenschaft

63. Konnte Karl lesen und schreiben? Über Karls mangelnde Fähigkeit zum Schreiben haben wir Einhards eindeutig klingende Aussage: «Auch versuchte er sich im Schreiben und hatte unter seinem Kopfkissen im Bett immer Tafeln und Blätter bereit, um in schlaflosen Stunden seine Hand im Schreiben zu üben. Da er aber erst verhältnismäßig spät damit begonnen hatte, brachte er es auf diesem Gebiet nicht sehr weit.» Über Karls Fähigkeiten im Lesen gibt es bei Einhard keine direkten Aussagen, wir hören nur mehrfach, dass er sich – etwa bei den Mahlzeiten – vorlesen ließ. Solche Lesungen bei Tisch gab es aber auch im Kloster, was nicht bedeutet, dass die Mönche nicht lesen konnten. Und an einer Stelle bei Einhard heißt es immerhin, wie wir bereits gehört haben, Karl habe «in der Öffentlichkeit» nie vorgelesen und in der Kirche «nur leise» mitgesungen. Das könnte man so verstehen, dass Karl privat sehr wohl gelesen hat.

Was das Schreiben betraf, so hatte Karl als hochgestellte Persönlichkeit dafür seine Leute und brauchte das nicht selbst zu erledigen.

Und wenn Einhards Bericht stimmt, so sollte Karls Bemühen in dieser Kunst eher als Beleg für seinen unstillbaren Durst nach weiterem Wissen und Können gedeutet werden als dafür, dass er mit barbarischen oder (denk-)faulen Analphabeten in einen Topf geworfen werden könnte. Vielleicht hatte er auch in seiner Jugend schreiben gelernt – immerhin ist belegt, dass er im Kloster Saint-Denis erzogen wurde –, diese Fertigkeit aber im Laufe seiner vielen Kriegszüge wieder weitgehend verlernt; sicher war jedenfalls seiner Hand der Umgang mit dem Schwert vertrauter als der mit der Schreibfeder. Als älterer Mann mag er vielleicht versucht haben, die neuen Buchstabenformen, die sogenannte karolingische Minuskel, zu erlernen.

Für die merowingischen Könige des 7. und beginnenden 8. Jahrhunderts war die Fähigkeit des Lesens und Schreibens noch selbstverständlich. Diese Könige unterzeichneten ihre Urkunden oft eigenhändig mit ihrem Namen. Seit den Karolingern haben die Könige ihre Dokumente nur noch durch ihr Monogramm mit dem sogenannten «Vollziehungsstrich» (Abbildung auf S. 65) in Geltung gesetzt. Das ist aber kein Hinweis auf Illiteralität, denn auch solche Herrscher, die unzweifelhaft Lesen und Schreiben beherrschten, wie etwa Ludwig der Fromme und seine Söhne, haben an dieser Art der

Karl und sein Sohn Pippin diktieren einem Schreiber (Miniatur aus
dem Ende des 10. Jahrhunderts).

«Unterschrift» festgehalten. Was spätere deutsche Könige und Kaiser angeht, so waren meist die ersten Vertreter einer Dynastie noch schreib- und leseunkundig, so wie Heinrich I. (919–936) und vielleicht auch Otto I. (936–972) im 10., Konrad II. (1024–1039) im 11. und Friedrich Barbarossa (1152–1190) im 12. Jahrhundert, während die jeweils späteren Herrscher aus diesen Familien eine gründliche Schulbildung erhielten und die entsprechenden Fertigkeiten erwarben.

64. Wie wurde ein künftiger Herrscher erzogen? Auch zu dieser Frage findet sich eine passende Stelle bei Einhard, wenn er über die Erziehung von Karls Kindern spricht: «Sowohl die Knaben als auch die Mädchen sollten zunächst in den Wissenschaften unterrichtet werden, an denen er (Karl) selbst interessiert war. Sobald die Knaben alt genug waren, mussten sie nach fränkischem Brauch Reiten, Jagen und den Waffendienst erlernen.»

Was verstand man im 9. Jahrhundert unter «Wissenschaften» und welche von ihnen interessierten Karl? Als Wissenschaften in dem hier gemeinten Sinn wurden die sieben «freien Künste», *artes liberales*, bezeichnet, die in zwei Gruppen unterteilt waren: eine Dreiergruppe bildeten Grammatik, Rhetorik und Dialektik; nach unserem Verständnis sind damit das Erlernen der lateinischen Sprache und Literatur, das Schreiben von Prosa und Poesie, ferner die Kenntnis des Rechts sowie das Beherrschen der Logik gemeint. Eine Vierergruppe bildeten dann Geometrie, Arithmetik, Musik und Astronomie – das heißt Geographie und Naturgeschichte, Rechnen und Berechnung des Kalenders, Choralsingen sowie Harmonie- und Zahlenlehre und schließlich die Lehre von den Himmelskörpern und die Astrologie. Karl interessierte sich, soweit wir wissen, für die meisten dieser Wissenschaften: für die lateinische Grammatik und Sprache ebenso wie für das Recht, für Geographie und Kalenderrechnung und auch für astronomische Phänomene, wie etwa Sonnenfinsternisse und ihre Ursachen. Ob er selbst schon in seiner Kindheit mit all diesen Wissenschaften vertraut gemacht wurde, wissen wir hingegen nicht. Möglicherweise war seine Bildung nicht so umfassend, wie er sie dann für seine eigenen Kinder vorgesehen hat. Aber als erwachsener Mann zog er Gelehrte an seinen Hof, von denen er die ihm noch fehlenden Kenntnisse erwerben wollte. Es haben sich einige Briefe erhalten, aus denen etwa seine Begeisterung für die Astronomie hervorgeht. Sein Interesse an der Kalenderrechnung wiederum zeigt sich darin, dass er mehrfach Spezialisten auf diesem Gebiet zu einem Kongress zusammenrief, die einen im gesamten Reich gültigen Kalender erstellen sollten.

Was die Vorbereitung auf die künftige Betätigung als Heerführer und als Haupt einer großen Verwaltung angeht, so achteten sowohl Karls Vater Pippin als auch Karl selbst darauf, ihre Söhne frühzeitig an Kriegszügen teilnehmen und sie bald selbständig Heeresabteilungen anführen zu lassen. Karl hat frühestens 761, also mit 13 Jahren, an einem Feldzug teilgenommen, und wenig später, 763, wurden ihm einige Grafschaften übertragen. Mit 15 Jahren sollte er also damit beginnen, richterliche und militärische Funktionen des wichtigsten königlichen Amtsträgers in eigener Praxis kennenzulernen und auszuüben.

Die Ausbildung seiner eigenen Söhne hat Karl unterschiedlich gehandhabt: Karl der Jüngere wird schon 784, mit 12 Jahren, als Heerführer im Sachsenkrieg erwähnt; ein selbständiges Herrschaftsgebiet, das sogar als *regnum* – «Reich»– bezeichnet wird, erhielt jener 789, also mit 17 Jahren, und am Weihnachtstag 800 wurde er zum König gekrönt. Dagegen wurden die jüngeren Söhne Ludwig, der spätere Nachfolger Karls des Großen, und Karlmann-Pippin bereits 781 mit drei bzw. vier Jahren von Papst Hadrian I. zu Königen gesalbt, Ludwig für Aquitanien und Pippin für Italien. Trotz ihres kindlichen Alters wurden die beiden Könige bereits in ihre künftigen Reiche geschickt, wo sie zwar nicht selbständig «regieren», aber mit ihren künftigen Aufgaben vertraut gemacht werden konnten. So sollten sich auch die Großen dieser erst seit kurzem zum Frankenreich gehörenden Reiche frühzeitig an ihre künftigen Herrscher gewöhnen.

65. Wie viele Fremdsprachen sprach der Kaiser?   Auch darüber berichtet Einhard (c.25): «Karl ... beherrschte nicht nur seine Muttersprache, sondern erlernte auch fleißig Fremdsprachen. Latein verstand und sprach er wie seine eigene Sprache. Griechisch konnte er allerdings besser verstehen als sprechen.»

Als Beleg für Karls Kenntnis des Lateinischen kann zum einen die Nachricht dienen, dass an seinem Tisch unter anderem Augustins (354–430) «Gottesstaat» vorgelesen wurde; eine Übersetzung in die Volkssprache gab es nicht, und es ist nicht recht vorstellbar, dass Karl diese Lesung nur als Hintergrundgeräusch hingenommen haben sollte. Zum anderen besitzen wir als Beleg für Karls entwickelte Lateinkenntnisse die Randnotizen in einer Handschrift einer theologischen Streitschrift gegen die Beschlüsse des Konzils von Nicaea 787, in denen die Ausführungen des Verfassers immer wieder mit Bemerkungen wie «richtig!», «rechtgläubig!», «gut argumentiert!» oder ähnlich kommentiert werden. Es scheint überzeugend, dass diese Ausrufe als Kommentare des Frankenkönigs Karl gedeutet werden, der damit seine Zufriedenheit mit dem ihm vorgelesenen Text ausdrückte, den er offenbar sehr gut verstanden hat. Über Karls Griechischkenntnisse besitzen wir keine weiteren Informationen; vielleicht wurde Einhard durch seine Vorlage – die Vita des Kaisers Titus (79–81 n. Chr.) des römischen Autors Sueton (siehe Frage 98) – dazu angeregt, auch für seinen Helden Kenntnisse des Griechischen zu behaupten.

Nicht eigens erwähnt wird, dass Karl auch das Romanische seiner westfränkischen Untertanen verstanden und wohl auch gesprochen haben muss. Für den Ostfranken Einhard dürfte dies ganz selbstverständlich gewesen sein, denn sonst hätte Karl nicht Reichsversammlungen leiten und Heere anführen können, deren Teilnehmer zu großen Teilen romanische Dialekte sprachen.

Auf den Reichsversammlungen wurden anscheinend Rechtstexte aus dem Lateinischen in die Volkssprache übersetzt, wie wir aus einer Nachricht zum Jahr 802 wissen, in der von solchen Übersetzungen die Rede ist. Diese Übersetzungen waren wohl deshalb nötig, weil viele der Teilnehmer nicht mehrsprachig waren, nicht aber, weil der Herrscher den Verhandlungen aus Unkenntnis der wichtigsten Sprachen seines Reiches sonst nicht hätte folgen können.

66. Hat Karl sich um die Schulen in seinem Reich gekümmert? Im 19. Jahrhundert schrieb Karl von Gerok (1815–1890) das Gedicht «Wie Kaiser Karl Schulvisitation hielt», das viele Schüler der damaligen Zeit auswendig lernen mussten, das aber heute fast ganz vergessen ist. Der Ruhm Karls des Großen als eines Freundes der Bildung und der Schulen geht aber schon auf die *Gesta Karoli* des Mönchs Notker von St. Gallen (um 840–912) (Frage 99) zurück. In einer berühmten Geschichte erzählt Notker davon, dass Karl nach seinem Sieg über die Langobarden in eine Schule gekommen sei und sich die Briefe und die Gedichte der Schüler habe vorlegen lassen. Es seien die Schüler einfacher Herkunft gewesen, die am besten gearbeitet hätten; ihnen habe der König daher Klöster und Bistümer versprochen. Den adeligen Schülern dagegen, die sich dem Spiel, dem Müßiggang und dem Wohlleben hingegeben hätten, habe der Herrscher gedroht, sie trotz ihrer hohen Herkunft nicht mit einträglichen Ämtern in seinem Reich auszustatten.

Dies ist aber nicht nur eine schöne Legende, denn es gibt Belege dafür, dass Notker ganz zutreffend über Karls Interesse an den Schulen und sogar über dessen Visitationen (Unterrichtsbesuche) berichtet: So ist ein Gedicht überliefert, in dem ein Schüler bekennt, dass er von Karl persönlich und in handgreiflicher Form wegen seiner grammatischen Schnitzer gerügt worden sei. Auch der Zeitpunkt, an dem Karl seine Bemühungen um eine Verbesserung der Schulbildung aufnahm, ist zutreffend: Nach dem 2. Italienzug von 781 hat Karl bedeutende langobardische Gelehrte ins Frankenreich mitgebracht. Mit deren Hilfe und mit Hilfe des angelsächsischen Gelehrten Alkuin wurden am Ende der 780er Jahre mehrere Verordnungen veröffentlicht und an die Klöster weitergegeben, in denen Einzelheiten über die Schulreform festgelegt wurden. So sollte vor allem die Kenntnis der lateinischen Sprache, ihrer Grammatik und Orthographie den künftigen Priestern gründlich beigebracht werden, denn – wie es heißt – «die, die Gott durch rechtes Leben gefallen wollen, (sollen) nicht vernachlässigen, ihm durch richtiges Reden zu gefallen». Gebete, so Karl weiter, die grammatisch nicht korrekt formuliert waren, könnten nicht erhört werden. Ein moderner Kenner des mittelalterlichen Latein, Walter Berschin, hat über Karls Schulreform folgendes Urteil formuliert: «Nie in der abendländischen Geschichte ist dem Lesen und Schreiben, der Grammatik, kurzum der Schule, ein so hoher Rang eingeräumt worden wie damals.»

Und dieses Urteil gilt nicht nur für die Schulen, an denen zukünftige Kleriker ausgebildet wurden. Nach dem Willen des Bischofs Theodulf von Orléans sollten die Priester in den Dörfern Schulen unterhalten, in denen die Kinder der Gläubigen – mithin auch der Laien – kostenfrei unterrichtet werden sollten. Dieser Unterricht wurde allerdings mit großer Strenge praktiziert, wie aus einem Kapitular hervorgeht: «Wer durchaus nicht lernen will, soll mit Schlägen und mit Fasten bei Wasser und Brot gezüchtigt werden, bis er alles vollständig gelernt hat. Wer sich dagegen wehrt, soll vor den König gebracht werden. Frauen aber sollen mit Peitschenhieben und mit Fasten in ihrem Widerstand gebrochen werden». Wenn wir auch den pädagogischen Effekt dieser Maßnahmen bezweifeln dürfen, so belegt diese Quelle immerhin, dass auch Frauen oder Mädchen in Schulen ausgebildet werden sollten, und auch, dass es der König persönlich war, der die harte Schuldisziplin überwachte.

67. Wie multikulturell war Karls Hof, und wer waren die wichtigsten Ratgeber? Als besondere Eigenschaft Karls ist immer wieder herausgestellt worden, dass es ihm gelang, bedeutende Gelehrte des damaligen Europa an seinen Hof zu ziehen und in den Dienst der großen Bildungsreform zu stellen, die er für das Frankenreich in Angriff nahm.

Die ersten Kontakte ergaben sich zu Gelehrten aus Italien, nachdem Karl das Langobardenreich erobert hatte: 773/74 nahm er Petrus von Pisa († 799), der zuvor am langobardischen Königshof in Pavia Grammatik gelehrt hatte, mit ins Frankenreich, um bei ihm Latein zu lernen, wie Einhard in der Karlsvita berichtet. Petrus bekannte sich genauso zu Karl als neuem Herrscher über das Langobardenreich wie der Grammatiker Paulinus († 802), der 776/77 ins Frankenreich kam und den Karl dann 787 zum Patriarchen von Aquileja machte. Bald nach seinem Tod wurde Paulinus heiliggesprochen. Beide, Petrus wie Paulinus, verfassten Lobgedichte auf den Frankenkönig und unterstützten seine Politik.

Der bedeutendste Gelehrte aus Italien aber war zweifellos Paulus Diaconus (* zwischen 720 und 730), der früher am Hof von Pavia eine Tochter des letzten Langobardenkönigs unterrichtet hatte. Er reiste 782 ins Frankenreich, um eigentlich für seinen Bruder zu bitten, der sich an einem Aufstand der Langobarden gegen Karl beteiligt hatte und deportiert worden war. Paulus blieb jedoch am Hof Karls und schrieb neben einer Geschichte seines Volkes, der Langobarden, über die Taten der Bischöfe von Metz. Dieses Werk war für die Karolinger von großer Bedeutung, weil der Autor darin nicht nur zahlreiche Informationen, die er von Karl selbst erhalten hatte, verarbeitete und sich dabei Karls Sicht der Ereignisse zu eigen machte, sondern besonders den karolingischen Spitzenahn Arnulf von Metz hervorhob und die karolingische Dynastie rühmte. Paulus blieb fünf Jahre im Frankenreich und kehrte dann nach Montecassino zurück, wo er um 799 starb.

Ungefähr zur gleichen Zeit wie Paulus Diaconus, nämlich 782, aber kam die für Karl wichtigste Persönlichkeit unter seinen Ratgebern an den Hof, nämlich der Angelsachse Alkuin (* um 735). Dieser war seit 767 Bibliothekar an der Domschule von York gewesen, und Karl hatte ihn in Pavia kennengelernt, wo Alkuin auf seiner Bildungsreise Station machte. Für ungefähr drei Jahre, von 790 bis 793, ging Alkuin noch einmal nach York zurück, um anschließend endgültig im Frankenreich zu bleiben. Bis 796 war er an Karls Hof die treibende Kraft der karolingischen Bildungsreform; dann zog er sich in die Abtei Saint-Martin in Tours zurück, die Karl ihm übertragen hatte, und förderte das geistige Leben dieses schon in der Merowingerzeit bedeutenden Klosters. Neben theologischen Werken verfasste Alkuin vor allem didaktische Schriften, oft in Dialogform, die für den praktischen Unterricht gedacht waren und ihm den Ehrentitel «Praeceptor Germaniae» (Lehrer Germaniens) eintrugen, der in der frühen Neuzeit dann dem Reformator Philipp Melanchthon zuerkannt wurde. Grund für Alkuins Abschied vom Hof und Rückzug nach Tours waren wohl die zunehmenden Spannungen mit dem neuen ‹Star› unter Karls Ratgebern, dem Westgoten Theodulf. Im Jahr 800 besuchte Karl Alkuin in Tours zusammen mit seinen drei Söhnen Karl, Pippin und Ludwig und mit seiner Konkubine Liutgard, die dort starb und begraben wurde. Alkuin selbst starb im Jahr 804.

Den Westgoten Theodulf, der bald nach 780 an den Hof gekommen war, machte Karl wohl im Jahr 798 zum Bischof von Orléans. Theodulf war nicht nur ein begnadeter Dichter, er gewann auch immer mehr Einfluss in den Debatten um theologische Streitfragen der Zeit, in denen die Franken Stellung bezogen, wie etwa bei dem Streit über die Bilderverehrung (siehe Frage 59). Er sorgte aber auch für eine gute Verwaltung der Bistümer, indem er einen Katalog mit Anweisungen in 45 Kapiteln für die Priester seiner Diözese verfasste – ein sogenanntes Bischofskapitular, das große Verbreitung fand und damit auch für andere Bischöfe in ihren Bistümern hilfreich war.

Neben diesen ‹ausländischen Leuchttürmen› der Wissenschaft an Karls Hof gab es noch eine ganze Reihe weiterer Gelehrter, nicht zuletzt aus Irland, die die geistige Blütezeit mit formten, aber hier gar nicht alle behandelt werden können.

Darüber hinaus begegnen wir auch jüngeren Gelehrten, die nicht aus dem Ausland kamen, sondern aus dem Frankenreich stammten – allen voran Angilbert, Einhard und Hrabanus Maurus.

Der aus adeliger Familie stammende Angilbert (* um 750) wurde durch seine Lehrer Petrus von Pisa, Paulinus von Aquileja und Alkuin geprägt. Karl übergab ihm 790 die Abtei Saint-Riquier an der Somme (Centula), deren Bibliothek Angilbert zielstrebig ausbaute; außerdem kümmerte er sich um den Kirchenneubau und die Reliquienschätze. Für Karl war er in verschiedenen diplomatischen Missionen tätig, und um 800 wurde er «Schwiegerfreund» des Frankenkönigs, denn er ging mit Karls Tochter Berta ein Liebesverhältnis ein, aus dem die Zwillinge Hartnid und der Geschichtsschreiber Nithard hervorgingen (siehe Frage 28). In seinen letzten Lebensjahren zog Angilbert sich ganz nach Saint-Riquier zurück, wo dann auch sein Sohn Nithard lebte; er starb dort knapp einen Monat nach Karl dem Großen.

Deutlich jünger waren der um 770 im Maingau geborene Einhard und der aus Mainz stammende Hraban (* um 780). Sie gehören eigentlich schon der nächsten Generation der Hofgelehrten an und entfalteten ihre Tätigkeit weitgehend erst nach Karls Lebenszeit, so dass man an ihnen und ihrem Wirken sehen kann, wie erfolgreich Karls Bildungserneuerung und Kirchenreform waren. Beide erhielten ihre Ausbildung in Fulda und waren danach Schüler Alkuins. Genau wie Angilbert blieb Einhard Laie und heiratete, während Hraban Geistlicher wurde. Einhard leitete ungefähr seit 800 die Arbeiten an der Aachener Kaiserpfalz und Hraban lebte von 801 bis zum Tod Alkuins in Tours, wurde dann aber Leiter der Klosterschule von Fulda. Seine große Zeit begann unter Ludwig dem Frommen und setzte sich unter der Herrschaft Ludwigs des Deutschen fort: Der Erste machte ihn zum Abt von Fulda (822) und der Zweite zum Erzbischof von Mainz (847).

Dadurch dass wir so viel über die einzelnen Mitglieder des Hofkreises wissen, nicht zuletzt aus den Gedichten von Theodulf und den Briefen Alkuins, entstand im 19. Jahrhundert der Eindruck, diese Gelehrten hätten sich ständig am Hof Karls aufgehalten, so wie die ‹Ritter der Tafelrunde› um König Artus. Ein Blick auf ihre Lebensdaten und die verschiedenen Abteien und Bistümer, die Karl ihnen übertrug, zeigt aber, dass dies nicht der Fall gewesen sein kann. Ihre Kontakte untereinander haben sie hauptsächlich mit Briefen und Gedichten gepflegt.

68. Welche Spitznamen hatten Karls gelehrte Freunde? Das geistige Zentrum, von dem die sogenannte karolingische Renaissance ausging, die wir mit der Regierungszeit Karls des Großen verbinden,

Zeichnung des 17. Jahrhunderts des seit dem 18. Jahrhundert verschollenen sogenannten Einhardsbogens, der ursprünglich ein Kreuz trug

war der Hof des Frankenkönigs, an dem sich die größten Geister des damaligen Europa versammelten. Zu den «Spielchen» dieser Gelehrten gehörte nicht zuletzt, sich untereinander mit Spitznamen anzureden, die der Bibel oder der Literatur der Antike entlehnt waren, und sich in kleinen Gedichten mit Anspielungen zu necken, die zunächst einmal nur für diesen *inner circle* verständlich sein sollten. Karl war hier der alttestamentarische König David, der Angelsachse Alkuin hieß Flaccus (nach dem antiken Dichter Horaz) und Angilberts Pseudonym lautete Homer.

Einhard hatte den Spitznamen Beseleel nach dem Baumeister der Stiftshütte im Alten Testament wegen seiner Kenntnisse in der Bau- und Goldschmiedekunst.

Man vermutet, dass die Idee mit den Spitznamen auf Alkuin von York zurückging, der auch in vielen seiner Briefe solche versteckten Bezeichnungen und Andeutungen benutzte; so warnte er in einem Brief einen jungen Kleriker, der an den Königshof reiste, sich vor den im Palast frei herumfliegenden Tauben in Acht zu nehmen, und meinte damit Karls Töchter, die anscheinend einem Flirt nicht abgeneigt waren. Theodulf von Orléans hingegen hat in ein paar Gedichtzeilen, die erst vor einigen Jahren entdeckt worden sind, eine mit Versen des antiken Dichters Vergil verbrämte Anspielung darauf gemacht, dass Karl der Jüngere womöglich homosexuell war.

Umstritten ist inzwischen, wie oft sich die genannten Gelehrten um Karl versammelt haben, denn früher stellte man sich diesen Hofkreis als eine Art Hofakademie wie im 18. Jahrhundert vor, doch lässt der Lebenslauf der einzelnen Mitglieder erkennen, dass sie sich nicht ständig am Hof aufhielten. So werden diese Gedichte nicht nur mündlich ausgetauscht, sondern auch verschickt worden sein.

69. Kannten die Karolinger keine Großbuchstaben, oder warum erfanden sie die karolingische Minuskel? Wenn wir heute Handschriften anschauen, die aus der Merowingerzeit stammen, so ist der Text für einen Laien nicht zu entziffern, während man bei solchen, die aus der Zeit Karls des Großen stammen und in der sogenannten karolingischen Minuskel geschrieben sind, gleich eine Reihe von Buchstaben erkennen und sie relativ schnell lesen kann, weil die Schrift unserer heutigen ziemlich ähnlich sieht.

Wie kommt das? Die Gelehrten im 14. und 15. Jahrhundert, die sich für die Schriften antiker Autoren wie Cicero, Caesar oder Vergil interessierten, meinten, dass die Pergamenthandschriften, in denen sie diese Texte vorfanden, aus der Antike stammen müssten, wähnten also, dass sie im Schriftstil der klassischen Autoren geschrieben seien. Daher nannten sie diese Schrift Antiqua, und sie wurde später die Grundform unserer heutigen Schrift. In Wirklichkeit stammten die Handschriften aber aus der Zeit Karls des Großen und seiner Nachfolger und waren in der sogenannten karolingischen Minuskel geschrieben. Sie war das Resultat einer großen Schriftreform, die unter Karls Regierungszeit im ganzen Reich umgesetzt wurde. Karl und seine Ratgeber waren nämlich der Meinung, dass für die Regierung seines großen Reiches eine einheitliche Schrift notwendig sei, die alle, die mit den königlichen Urkunden und Erlassen oder mit kirchlichen Texten zu tun hatten, auch lesen können müssten. In der späten Merowingerzeit war die gebräuchliche Schrift, die sogenannte römische Kursive, immer mehr verwildert und für Ungeübte kaum zu lesen, was angesichts der Tatsache, dass die Lese- und Schreibfähigkeit der Menschen überhaupt abgenommen hatte, sehr ins Gewicht fiel. Die römische Kursive bestand nur aus Großbuchstaben (lateinisch: Majuskeln), d. h., alle Buchstaben lassen sich in ein Schema zwischen zwei Linien einordnen. Die Minuskelschrift (lateinisch:

Eine der ältesten erhaltenen Handschriften von Einhards Karlsvita, geschrieben ca. 867 in Sankt Gallen

Kleinbuchstaben) bedeutet, dass es Groß- (Majuskel) und Kleinbuchstaben (Minuskel) gibt und damit die Wörter in ein Vierlinienschema einzuordnen sind. Außerdem werden die einzelnen Wörter besser voneinander abgegrenzt und die einzelnen Buchstaben sorgfältig kalligraphiert (griechisch: kalos/schön und graphein/schreiben).

Nach neuesten Erkenntnissen wurden die frühesten «Versuche», diese neue Schrift zu verwenden, schon um 765 unternommen, und zwar im heute nordfranzösischen Kloster Corbie. Das bedeutet, dass schon in der Zeit von Karls Vater Pippin diese neue Schrift entwickelt wurde, weil die Zeit reif dafür war. Ihre Verbreitung im Reich fällt aber in die Zeit Karls des Großen, der auch in anderen Bereichen – so bei Maßen, Gewichten und Münzen –Anstrengungen zur Vereinheitlichung unternahm.

Wo aber wurde nun diese «neue Schrift» geschrieben? So gut wie jedes Kloster verfügte über ein sogenanntes Skriptorium (lateinisch: *scribere*/schreiben), in dem schreibkundige Mönche Texte kopierten, denn wer einen kirchlichen Text oder einen antiken Klassiker für die Bibliothek des eigenen Klosters haben wollte, musste ihn bis zur Erfindung des Buchdrucks am Ende des Mittelalters von einer aus einem anderen Kloster entliehenen Handschrift abschreiben lassen.

70. Warum ließ der christliche Kaiser Karl Werke heidnischer Autoren der Antike abschreiben?

Während es in der römischen Antike noch öffentliche Schulen gegeben hatte, ging seit dem 4. Jahrhundert mit ihrer Auflösung auch der Rückgang der allgemeinen Lese- und Schreibfähigkeit einher. Die Reichen lebten zumeist auf ihren Landgütern und ließen dort ihre Kinder unterrichten. Im merowingischen Frankenreich des 6. Jahrhunderts waren es vor allem Männer der Kirche, die dank ihrer Ausbildung des Lesens und Schreibens kundig und so in der Lage waren, auch historische Werke zu verfassen. Zugleich waren sie sich ihrer Bildungsmängel und ihrer Unzulänglichkeit bewusst. So beklagte zum Beispiel Bischof Gregor von Tours (573–594), der immerhin eine große Geschichte des Frankenreiches und seiner Könige im 6. Jahrhundert schrieb, seine unzureichenden Fähigkeiten und bewunderte auf der anderen Seite die Autoren der Antike. Letzteres tat er indes nur heimlich, denn es setzte sich mehr und mehr die Auffassung durch, dass man diese Texte nicht mehr studieren dürfe, weil ihre Verfasser ja Heiden gewesen waren. Man solle vielmehr die christlichen Autoren wie Ambrosius, Augustinus, Hieronymus und Gregor den Großen lesen, die als Kirchenväter anerkannt waren. In welche Gewissensnöte dies Gregor von Tours brachte, wird deutlich, wenn er von einem Albtraum berichtet, in dem er vor das Gericht Gottes geschleppt und gezüchtigt wurde, weil er die verbotenen heidnischen Klassiker gelesen hatte.

Doch nicht nur mangelnde Bildung der Nachgeborenen und deren Ängste waren dem Schicksal der antiken Handschriften abträglich. Das unwirtlich nasskalte Klima nördlich der Alpen setzte auch dem Schriftträger – Papyrus – selbst zu, der hierzulande bald verrottete. Und wenn einmal die Klassikertexte auf das weit haltbarere, aus Tierhaut gefertigte Pergament geschrieben worden waren, so schabte man davon häufig diese Werke ab und schrieb einen theologischen oder liturgischen Text darauf. Weil die Herstellung von Pergament aufwendig und teuer war, schien es den Gläubigen vor Karl dem Großen auf jeden Fall zu wertvoll, um ausgerechnet heidnische Texte darauf zu erhalten und zu überliefern.

Mit der Karolingerzeit änderte sich diese Auffassung, so dass damals die Gelehrten, die der König an seinen Hof zog und die die antiken Schriftsteller bewunderten, zu retten begannen, was noch zu retten war: Sie suchten nach Texten aus der heidnischen Antike und schrieben sie ihrerseits in karolingischer Minuskel auf Pergament; sie tauschten zudem diese Texte aus, um sie zu kopieren und nicht nur in einer Bibliothek zur Verfügung zu haben. Damit wurde die von Karl und seinen gelehrten Freunden initiierte karolingische Renaissance zugleich zur Retterin antiker Literatur, die sonst das Mittelalter kaum überlebt hätte.

71. Was versteht man unter karolingischer Renaissance? Unter dem Begriff *Renaissance* (wörtlich: «Wiedergeburt») versteht man eigentlich die Wiederentdeckung der Antike, ihrer Autoren und ihrer Baukunst durch die Gelehrten des 15. Jahrhunderts. Diese suchten in den Bibliotheken nach Texten antiker Schriftsteller und bemühten sich, davon orthographisch und grammatikalisch korrekte Abschriften herzustellen. Auch tauschten sie ihre Funde untereinander aus. Sie waren der Meinung, dass die Handschriften dieser Werke, die sie entdeckten, noch aus der Antike stammten. Dass unsere heutige Schrift deshalb «Antiqua» heißt (siehe Frage 70), gründet folglich auf einem Missverständnis, denn in Wirklichkeit waren die weitaus meisten von diesen im 15. Jahrhundert wiederentdeckten Handschriften zur Zeit Karls des Großen entstanden, als man schon einmal die Kultur der Antike wiederentdeckt und sich um die Herstellung autorgemäßer Texte bemüht hatte. Insofern ist der Begriff «karolingische Renaissance», der im frühen 19. Jahrhundert für die von Karl dem Großen angestoßene Bildungsbewegung geprägt wurde, nicht unzutreffend. Man spricht aber auch von der karolingischen Erneuerung (lateinisch: *renovatio*) oder der karolingischen Bildungsreform, um einerseits die Kontinuitäten zur Spätantike und zur merowingischen Epoche zu betonen, die es durchaus auch gegeben hat, und um andererseits die Einzigartigkeit der Bestrebungen im 9. Jahrhundert gegen die des 15. Jahrhunderts abzuheben.

Die Bedeutung von Karls Initiative für die weitere geistige Entwicklung des Abendlandes kann kaum überschätzt werden: Die römische Stadtkultur mit ihren öffentlichen Schulen war in der Spätantike untergegangen und Analphabetentum hatte sich ausgebreitet. Selbst viele Priester beherrschten im 8. Jahrhundert ihre liturgischen Texte nicht mehr, und die klassischen Autoren waren absichtlich und unabsichtlich in Vergessenheit geraten. An diesen Punkten setzte Karls *Renovatio* an, die um das Jahr 777 von seinem Hof ausging. Man begann eine Hofbibliothek aufzubauen, indem man sowohl die Schriften der Kirchenväter und die liturgischen Texte als auch die heidnischen Klassiker sammelte und durch orthographisch und grammatikalisch korrekte Abschriften zu verbreiten suchte. Dies geschah, indem die Gelehrten der Hofgesellschaft Exemplare für die Bibliotheken ihrer eigenen Klöster – etwa Alkuin für Saint-Martin in Tours oder Angilbert für Saint-Riquier – herstellen ließen, von denen dann weitere Abschriften gemacht werden konnten. Alkuin kümmerte sich außerdem um einen korrekten Text der lateinischen Bibel und der Benediktsregel für die Klöster. Geschrieben wurden alle diese neuen Handschriften in der sogenannten karolingischen Minuskel (siehe Frage 69). Mit dieser Schriftreform im ganzen Reich wurde die nur schwer lesbare römische Kursive der Merowingerzeit abgelöst. Karl versuchte außerdem, diese Bildungsbewegung durch entsprechende Erlasse zu unterstützen, in denen den Kirchen und Klöstern des Reiches die Pflege der Schulen und der Wissenschaften besonders aufgetragen wurde.

Die erhaltenen Prachthandschriften aus der Zeit Karls – vor allem kirchliche Texte wie Evangeliare und Psalter – bezeugen das hohe Niveau, das damals im Schrift- und Buchwesen erreicht wurde.

Auch Bildungsvoraussetzungen antiker Baukunst, von der vielfach bis heute Werke römischer Großarchitektur wie etwa Aquaedukte zur Wasserversorgung, Stadttore, Thermen, Tempel oder Amphitheater zeugen, waren im Laufe der Zeit untergegangen. So mussten sich die Karolinger wie schon vor ihnen die Merowinger beispielsweise mit unterirdischen Wasserleitungen aus Holz begnügen, weil sie über einst vorhandene größere architektonische Kenntnisse und Fertigkeiten nicht mehr verfügten. Sie versuchten allerdings durch Rückgriff auf die antiken Schriften, wie etwa die «Zehn Bücher zur Architektur» von Vitruv (80–15 v. Chr.), ihr Wissen zu erweitern. Karl machte Einhard, der seinen Vitruv intensiv gelesen hatte, zum obersten Baumeister des Reiches. Man konzentrierte die wiedergewonnenen Fähigkeiten vor allem auf den Bau von Kirchen und Klöstern. Sofern es noch merowingerzeitliche Bauwerke gab, mussten diese oft karolingischen Neubauten weichen.

Die Wertschätzung und Verehrung für Karl den Großen seit dem 19. Jahrhundert beruht nicht zuletzt auf seiner Initiative für diese Bildungsreform und die Erneuerung der Studien.

72. Was geschah mit Karls Hofbibliothek? Knapp drei Jahre vor seinem Tod machte Karl sein Testament, dessen Wortlaut Einhard als letztes Kapitel in seine Lebensbeschreibung aufgenommen hat. Eine Bestimmung darin ist seiner Hofbibliothek gewidmet: «… die Bücher, von denen er eine große Anzahl in seiner Bibliothek gesammelt hat, … sollen nach ihrem Wert an die Leute verkauft werden, die sie erwerben wollen, und der Erlös an die Armen verteilt werden». Diese ausdrückliche Erwähnung der Hofbibliothek Karls ist zugleich die Erklärung für ihren Untergang, denn Ludwig der Fromme, der zum Testamentsvollstrecker bestimmt wurde, hat, wie Einhard ebenfalls erwähnt, den letzten Willen des Vaters «mit der größten Geschwindigkeit ausführen lassen». Es ist daher kein Wunder, dass immer wieder Forscher versucht haben, Karls Bibliothek zu rekonstruieren, denn er hatte sicher nicht wenige und seltene Texte zum Geschenk erhalten und außerdem etwa bei der Eroberung des Langobardenreiches aus der Hauptstadt Pavia vermutlich auch Handschriften als Beute mitgenommen. Von Schenkungen des Papstes in Rom, der dem Herrscher liturgische Texte und Rechtsbücher gab, berichten die Quellen ebenfalls. Trotzdem haben sich nur einige wenige Handschriften finden lassen, von denen man mit Sicherheit sagen kann, dass sie aus Karls Hofbibliothek stammen.

Eine weitere Möglichkeit, der verlorenen Hofbibliothek auf die Spur zu kommen, ist die Korrespondenz von Karls gelehrten Vertrauten, denn darin finden sich immer wieder Anfragen nach seltenen Texten, die Männer wie Alkuin ausleihen wollten, um sie für die eigene Bibliothek kopieren zu lassen – im Falle Alkuins: das Kloster Saint-Martin in Tours. Aus diesen Ausleihwünschen können wir erschließen, dass die betreffenden Schriften sich auch in Karls Bibliothek befunden haben müssen. Wir wissen außerdem, dass Karls Freunde dem Beispiel ihres Königs folgten und selbst in ihren Klöstern oder an ihren Bischofssitzen Bibliotheken aufbauten, um der Bildungsbewegung, die Karl angestoßen hatte, weitere Impulse zu geben. Angilbert, der Vater von Karls Enkeln Nithard und Hardnit, schenkte dem Kloster Saint-Riquier, dessen Laienabt er war und wo er die letzten Lebensjahre verbrachte, eine große Bibliothek. So kann man auch in diesem Fall vermuten, dass die Vorlagen mancher seltenen Texte in der Bibliothek von Saint-Riquier aus Karls Hofbibliothek stammten. Trotzdem werden wir nie eine klare Vorstellung davon bekommen, wie groß Karls Bibliothek war und welche Schätze des Geistes sie enthielt.

IX. Das Frankenreich und seine Nachbarn

73. Wie viele christliche Königreiche gab es in Europa zur Zeit Karls? Nach der Eroberung des Langobardenreichs durch Karl den Großen (773/74) gab es im lateinischen Europa außerhalb des Frankenreichs nur noch in England, in Irland und in Spanien Königreiche, in denen christliche Könige regierten. Eine genaue Zahlenangabe ist nicht möglich, da vor allem in Irland eine Vielzahl von Kleinkönigen existierte und auch in England die Anzahl der Königreiche im 8. und 9. Jahrhundert schwankte. Anders sah es in Spanien aus: Nach der Niederlage der Westgoten gegen die Muslime zogen sich die christlichen Könige in den äußersten Norden der Iberischen Halbinsel zurück und errichteten dort das Königreich Asturien. Seine Hauptstadt war Oviedo, und noch im 9. Jahrhundert wurde Santiago de Compostela nach der Auffindung des angeblichen Grabes des Apostels Jakobus über die Grenzen Asturiens hinaus als Wallfahrtsort bekannt.

In England gab es mehrere angelsächsische Königreiche, die sich immer wieder bekämpften. In der ersten Hälfte des 8. Jahrhunderts erlangte Mercia eine Art Oberherrschaft, die von zwei bedeutenden Königen mit langer Regierungszeit, Aethelbald (716–757) und Offa (757–796), ausgebaut wurde. Neben Mercia gab es vor 800 noch die Königreiche Northumbrien und Wessex; die übrigen Kleinkönigreiche waren mediatisiert worden, hatten also keine Selbständigkeit mehr. Offas Macht zeigt sich auch darin, dass er zwischen 784 und 796 im Westen seines Reiches einen großen Wall anlegen ließ, der auf einer Länge von 170 km seinen Machtbereich vom keltischen Wales abgrenzte. Die Kelten waren zwar nicht einheitlich organisiert, aber ihre dauernden Einfälle hatten diese Anstrengung erforderlich gemacht. Offa nannte sich in seinen Urkunden *rex totius Anglorum patriae*, also «König des gesamten Vaterlands der Angeln» und beanspruchte damit eine Vorherrschaft in ganz England. Im Norden, im heutigen Schottland, gab es wie in Wales und Irland keinen Gesamtherrscher.

Slawen und Skandinavier waren im beginnenden 9. Jahrhundert noch keine Christen, dasselbe gilt für die Bulgaren. Die große christliche Macht im Osten war das Byzantinische oder Oströmische Reich; seit Karls Kaiserkrönung kam es zu einer gewissen Konkurrenz zwischen dem Frankenreich und Byzanz, was sich auch in dogmatischen Streitigkeiten äußerte (siehe Fragen 55 und 59).

74. Wie sahen die Beziehungen des Frankenreichs zu seinen Nachbarn aus? Doch gab es nicht nur kriegerische, sondern durchaus auch friedliche Kontakte zwischen dem Frankenreich und seinen Nachbarn. Dies gilt vor allem für die direkten Nachbarn, denn weiter entfernte Reiche wie das nordspanische Asturien oder Irland wurden von den Franken kaum beachtet. Immerhin verzeichnen die offiziellen Reichsannalen zwei Besuche asturischer Gesandtschaften bei Karl, die auch verschiedene Geschenke mitbrachten. Ob es auch Gegengesandtschaften gab, wissen wir nicht. Vielleicht wurden die Asturier durch die gegen die spanische Ketzerei des Adoptianismus (siehe Frage 59) gerichteten Beschlüsse des Konzils von Frankfurt (794) dazu angeregt, Beziehungen zu den Franken aufzubauen, denn sie hatten selbst mit dieser Häresie zu kämpfen.

Dagegen gab es – soweit wir wissen – keine Beziehungen zwischen dem Frankenreich und den Königen in Irland, obwohl nicht wenige irische Mönche und Gelehrte ins Frankenreich gekommen waren. Aber eine bedeutende Macht stellten die dortigen Kleinkönige nicht dar, und die Kirche war bei den Iren völlig anders organisiert als bei den Franken.

Anders sah es mit England aus: König Offa von Mercia unterhielt diplomatische Beziehungen zum Frankenkönig und auch zum Papst. 789 wurde Offa als Schwiegervater von Karls ältestem Sohn ausersehen. Als Offa aber verlangte, im Gegenzug solle sein Sohn Ecgfrith Karls Tochter Berta zur Gattin erhalten, brach Karl die Beziehungen zu England ab; er ließ die Häfen seines Reichs für englische Schiffe sperren, und es kam auch zu Repressalien gegen englische Rompilger, deren Reiseroute durch das Frankenreich führte. Erst 796 kam es durch die Vermittlung von Karls angelsächsischem Berater Alkuin zum Ausgleich; es wurde ein Handelsvertrag geschlossen, der den Kaufleuten beider Seiten Schutz vor Willkür zusicherte.

Mit den beiden anderen englischen Reichen kam es zu einer näheren Berührung, als zuerst (789) Egbert von Wessex und später (808) auch Eardulf von Northumbrien sich während ihres Exils eine Zeitlang am Hof Karls des Großen aufhielten; beide wurden mit seiner Hilfe wieder auf ihren Thron zurückgeführt, was aber nicht heißt, dass Karl in England als Kaiser eine Art Oberherrschaft ausgeübt hätte.

Was die skandinavischen Reiche angeht, so gibt es engere Beziehungen nur zu den Dänen. Der Grund dafür waren die Sachsen. Nachdem Karl zu Beginn des 9. Jahrhunderts auch die nördlich der Elbe lebenden Sachsen unterworfen hatte, waren die Dänen zu unmittelbaren Nachbarn der Franken geworden. Sie errichteten an der Eidergrenze einen 14 Kilometer langen Wall, um die weitere fränkische Expansion nach Norden besser abwehren zu können. Zwischen 804 und 810 kam es immer wieder zu Auseinandersetzungen. Erst nach dem Tod des Dänenkönigs Gotfrid 810 setzte sich in Dänemark eine frankenfreundliche Politik durch, was zu Friedensverträgen und zur Festigung der Grenze an der Eider führte.

75. Wie funktionierte Karls Ostpolitik?

Die Slawen an der Ostgrenze des Frankenreichs bildeten keine Einheit, sondern zerfielen in zahlreiche Kleinstämme. Vor allem die Abodriten, die Wilzen und die Sorben waren aber durchaus ernst zu nehmende Gegner bzw. Verbündete. Mit den Abodriten schloss Karl mehrfach Bündnisse gegen die Sachsen oder gegen die Dänen. Es gab aber keinerlei Versuche, dieses Volk zum Christentum zu bekehren.

Dagegen versuchte Karl die Wilzen, die im Gebiet der heutigen Stadt Brandenburg siedelten, mit Hilfe der Abodriten und der Sorben zu unterwerfen und zu christianisieren. Aber ein dauernder Erfolg gelang nicht. Und die Sorben konnten zwar 806 durch Karl den Jüngeren unterworfen werden; fest eingegliedert ins Frankenreich wurden jedoch auch sie nicht. Erst auf einer Reichsversammlung in Frankfurt im Jahr 822, also in der Zeit Ludwigs des Frommen, erschienen sorbische Abgesandte, was als Zeichen ihrer Zugehörigkeit zum Reich angesehen werden kann. Es gab auch Kämpfe gegen die Böhmen, die wieder von Karl dem Jüngeren angeführt wurden, abschließende Erfolge konnten aber auch gegen sie nicht errungen werden.

Mangels einer zentralen Autorität bei den Slawen im Osten des Frankenreichs kann man von keiner «Ostpolitik» sprechen, sondern nur von Einzelaktionen, in denen die Franken meist siegreich waren. Die slawischen Stämme wurden locker dem Frankenreich angegliedert, und damit wurde die Ruhe an der Grenze gewährleistet.

Nach der Eroberung des Awarenreichs in den 790er Jahren grenzte

Karls Reich an das Reich der Bulgaren, die aber in der Zeit um 800 keine expansiven Operationen gegen das Frankenreich unternahmen. Eine gemeinsame Grenze zum Oströmischen Reich besaß das Frankenreich lediglich im Gebiet des heutigen Venetien und Dalmatien. Dort kam es nach 800 auch zu Kämpfen, die aber noch vor dem Tod Karls des Großen eingestellt wurden: Dabei verzichtete Karl auf Venedig und die Inseln in der nördlichen Adria (siehe Frage 55).

76. Wollte Karl die byzantinische Kaiserin Irene heiraten?

Ein Heiratsbündnis zwischen dem Frankenreich und Byzanz wurde im Jahr 781 verabredet, und zwar für Karls älteste, ungefähr 775 geborene Tochter Rotrud und Kaiser Konstantin VI. von Byzanz. Als dann aber 786 oder 787 Boten aus Konstantinopel ins Frankenreich kamen, verweigerte Karl seine Zustimmung zu dieser Verbindung, obwohl die kleine Frankenprinzessin in den Jahren zuvor bereits Griechischunterricht bei dem byzantinischen Notar und Eunuchen Elissaeus erhalten und Paulus Diaconus die fränkischen Geistlichen unterrichtet hatte, die Rotrud begleiten sollten. Karl verhielt sich damit genau wie sein Vater Pippin I., der nach 757 den Vorschlag Kaiser Konstantins V. abgelehnt hatte, seine Tochter Gisela mit Konstantins Sohn Leon zu verheiraten. Eheverbindungen von Karolingerinnen mit ausländischen Herrschern kamen nicht zustande – genauso wenig wie zuvor bei den Töchtern der merowingischen Frankenkönige.

Nur der byzantinische Geschichtsschreiber Theophanes (um 716–818) weiß von einem angeblichen Heiratsprojekt zwischen Karl selbst und der Kaiserin Irene, die 792 von ihrem Sohn Konstantin VI. zur Mitkaiserin erhoben worden war, diesen aber fünf Jahre später stürzte und blenden ließ, nachdem er Vater eines Sohnes geworden war, der seine Großmutter als Mitkaiserin hätte verdrängen können. Konstantin VI. starb an den Folgen der Blendung, und Irene regierte allein, bis sie Ende Oktober 802 von ihrem Finanzminister Nikephoros gestürzt wurde und ins Exil gehen musste. Dass sie tatsächlich während dieser fast fünf Jahre der Alleinherrschaft zur Verbesserung ihrer außenpolitischen Beziehungen ein Ehebündnis mit dem Frankenkönig, der zudem seit Weihnachten 800 Kaiser im Westen war, angestrebt haben soll, ist ziemlich unwahrscheinlich, auch wenn 797 und 798 Gesandtschaften aus Byzanz an Karls Hof kamen.

Sowohl der neue Kaiser Nikephoros, der 811 im Kampf gegen die

Bulgaren, die Byzanz bedrohten, fiel, als auch sein Nachfolger Michael I. (811–813) erkannten Karls neues Kaisertum an (siehe Frage 55). Michael I. hatte angeblich ebenfalls die Idee, seinen Sohn mit einer Tochter Karls des Großen zu verheiraten, jedoch starb der Ostkaiser im Jahr 813 und der Westkaiser, Karl, im Jahr darauf.

77. Wie kommt ein Elefant an den Hof Karls des Großen?

Im Jahr 797 brachen zwei Franken und der Jude Isaak, wohl ein Fernhändler, im Auftrag Karls zu einer Gesandtschaftsreise ins Kalifat von Bagdad auf. Schon Pippin I. hatte im Jahr 765 eine Gesandtschaft auf die Reise zum Kalifen al-Mansur (754–775) geschickt und drei Jahre später die Heimkehrer zusammen mit den Abgesandten des Kalifen in der Pfalz Selz (im Elsass) empfangen. Erst fünf Jahre später, also 802, kehrte Karls Abgesandter Isaak von seinem Besuch bei Harun-ar-Raschid (786–809), dem Sohn al-Mansurs, zurück, aber ohne seine Gefährten, die unterwegs gestorben waren. Isaak kam aber nicht allein, sondern er brachte als Geschenk des Kalifen einen indischen Elefanten mit, der in Vercelli den Winter 801/02 verbracht hatte, bevor er die lange Reise nach Aachen antrat, wo er künftig lebte.

Welches Aufsehen dieses Tier im Frankenreich erregt haben muss, lässt sich daran ablesen, dass die Fränkischen Reichsannalen öfter über ihn berichten als über alle Ehefrauen und Konkubinen Karls. Sie verraten auch, dass der Name des Dickhäuters Abul Abaz war. Dies wurde als Namensgebung nach dem Kalifen, der die Abbasidendynastie begründete, gedeutet; ein amerikanischer Gelehrter hielt dies allerdings eher für unwahrscheinlich und meinte, der Name bedeute «Vater der Runzeln», was für einen Elefanten ja gut passen würde. Um die guten Beziehungen zwischen dem Frankenreich und dem Kalifat von Bagdad zu unterstreichen, verstieg Einhard sich später sogar zu der Behauptung, der Kalif habe Karl den einzigen Elefanten geschenkt, den er besaß. Die letzte zeitgenössische Nachricht ist die Mitteilung der Reichsannalen, dass Abul Abaz im Jahr 810 plötzlich verstorben sei, und zwar mehrere Tagesreisen von Aachen entfernt in Lippeham bei Wesel, wohin Karl auf seinem Kriegszug gegen die Normannen gekommen war. Daraus kann man schließen, dass Abul Abaz als Kriegselefant eingesetzt werden sollte. In den Reichsannalen wird er in einem Atemzug mit der ältesten Tochter Karls, Rotrud genannt, die ebenfalls 810 starb. Kürzlich ist die These aufgestellt worden, dass der Elefant wohl der Maul- und Klauen-

Elefant in der illuminierten
Physiologus-Handschrift der
Berner Burgerbibliothek 318

seuche zum Opfer gefallen sein könnte, die damals durch die Rinder,
die den Kriegstross als Zugtiere begleiteten, äußerst rasch verbreitet
wurde und an der viele Tiere starben. Auch in späteren Quellen wird
Abul Abaz gelegentlich noch erwähnt, wobei sein Name in einer
Quelle mit «Ambulator» (lateinisch: Spaziergänger, Wanderer) angegeben wird, was angesichts der langen Reise, die er im Laufe seines
Lebens von Indien über den Orient bis nach Aachen und an den
Niederrhein gemacht hat, gar nicht so unpassend erscheint. Ein
wissenschaftliches «Nachspiel» hatte Karls Elefant noch im 17. und
18. Jahrhundert, als wiederholt große Knochen aus der Lippe ge-
fischt wurden, die man für die Überreste von Abul Abaz hielt. Es
dürfte sich aber dabei um die Knochen eines Mammut gehandelt
haben, wie sie noch im Jahr 2000 aus dem Fluss geborgen wurden.

Welchen Zweck Karls Gesandtschaft zum Kalifen eigentlich hatte,
wissen wir nicht, es blieb aber nicht die einzige, denn 807 traf eine
Gegengesandtschaft Harun-ar-Raschids in Aachen ein, die neben
kostbaren Gewändern, Duftstoffen und Salben eine Wasseruhr mit-
brachte, die in den Quellen ausführlich beschrieben wird. Außerdem

wandte sich der Patriarch von Jerusalem in den Jahren 799 und 800 hilfesuchend an Karl als Schutzherrn der Christenheit, denn die christlichen Klöster im Orient wurden immer wieder von Muslimen bedrängt, und nach dem Tod des bedeutenden Kalifen Harun-ar-Raschid im Jahr 809 kam es zu Unruhen im Kalifat, die auch die Christen in Jerusalem betrafen.

78. Welche Feinde hatte das Frankenreich beim Tod Karls des Großen? Im Todesjahr Karls des Großen waren die meisten Nachbarn des Frankenreichs ruhiggestellt: Im Norden war mit den Dänen Frieden geschlossen, im Osten waren Abodriten, Wilzen, Sorben, Böhmen und Awaren unterworfen, im Südosten war der Konflikt mit dem Byzantinischen Reich um Venetien und Dalmatien beendet. Im Südwesten, an der Grenze gegen die Muslime, hatten die Franken eine ganze Reihe von Siegen errungen und größere Gebiete südlich der Pyrenäen in ihr Reich eingegliedert. Gab es also gar keine Feinde mehr?

Die Kämpfe gegen die langobardischen Fürstentümer in Unteritalien waren noch nicht abgeschlossen, und es war auch nicht gelungen, die Bretagne fest ins Reich einzugliedern. Dazu kamen neue Feinde: Seit dem ausgehenden 8. Jahrhundert hatten die Normannen, die aus Norwegen kamen, mit ihren schnellen Schiffen mehrfach die Britischen Inseln überfallen (Plünderung von Lindisfarne 793). 810 waren sie zum ersten Mal im Frankreich, und zwar an der Küste Frieslands aufgetaucht. Mit diesem Gegner sollten die Franken im weiteren Verlauf des 9. Jahrhunderts noch viele Kämpfe ausfechten müssen, bei denen es immer wieder auch zu schweren Niederlagen kam. Ein weiterer gefährlicher Feind waren die Sarazenen, muslimische Seefahrer, die von den Balearen und aus Nordafrika kamen und die schon bald damit begannen, die italienischen Inseln auf Dauer zu besetzen (Sizilien ab 827) und auch Stützpunkte in der Provence (813 Nizza) anzulegen.

Der Grund für die Erfolge der normannischen und muslimischen Seefahrer war das Fehlen einer schlagkräftigen Flotte. Gegen die von der See her angreifenden Feinde wurden zwar Flusssperren errichtet und die Küstenbewohner zu den Waffen gerufen, aber eine Bekämpfung dieser Gegner in ihrem eigenen Element war den Franken nicht möglich.

X. Das Nachleben Karls des Großen

79. Wie viele Adelsfamilien berufen sich auf Karl den Großen als Vorfahr? Im Laufe des Mittelalters beanspruchten zahlreiche Adels- und Fürstenfamilien aus ganz Europa, von Karl dem Großen abzustammen. Dieser Anspruch wurde bereits seit dem 10. Jahrhundert in genealogischen Aufzeichnungen erhoben, in denen man versuchte, das Fortleben der Karolinger, die im Mannesstamm mit Herzog Otto von Niederlothringen 1005/06 ausstarben, zu dokumentieren. Nachkommen von unehelichen Söhnen der karolingischen Könige, vor allem aber Nachkommen der Töchter gab es jedoch in großer Zahl, so dass es durchaus berechtigt ist, wenn viele Adelsfamilien den Anspruch erheben, von Karl dem Großen abzustammen. Dies wurde von der Genealogie erwiesen; 1935 hat Erich Brandenburg 13 Generationen von Nachkommen Karls untersucht und konnte dabei zeigen, dass die letzte von ihm untersuchte Generation, deren 984 Mitglieder zwischen der ersten Hälfte des 12. und der zweiten Hälfte des 13. Jahrhunderts verstorben sind, «fast den gesamten europäischen Hochadel» bilden.

Politisch bedeutsam wurde dieser Anspruch vor allem in Frankreich, wo sich im 13. Jahrhundert die Auffassung durchsetzte, dass die französischen Könige spätestens seit Philipp II. (1180–1223) und seinem Sohn Ludwig VIII. (1223–1226) in mütterlicher Linie von Karl dem Großen abstammten.

Auch die deutschen Herrscher aus den Familien der Salier (1025–1125), der Luxemburger (1308–1313, 1347–1400 und 1411–1437) und der Habsburger (1273–1308, 1438–1740 und 1745–1806) beanspruchten karolingische Abkunft. Wichtige Reichsfürsten wie die Herzöge von Brabant und vor allem die Wittelsbacher beriefen sich auf karolingische Vorfahren. Und dieser Anspruch reichte noch über die Grenzen des ehemaligen Karolingerreiches hinaus, denn auch die polnischen Piasten wiesen im Spätmittelalter auf ihre karolingische Abkunft hin.

80. War Karl der erste Kreuzfahrer? Die Vorstellung, dass Karl der Große entweder als Pilger ins Heilige Land gereist sei oder einen Kreuzzug gegen die Muslime unternommen habe, reicht weit zurück. Schon am Ende des 10. Jahrhunderts berichtete die Chronik des Mönchs Benedikt vom Kloster am Berg Soracte nördlich von Rom, dass Karl einen Zug nach Jerusalem unternommen und von dort wertvolle Reliquien mitgebracht habe. Diese Vorstellung könnte auf die Nachricht zurückgehen, dass Karl die Christen im Heiligen Land in den ersten Jahren seines Kaisertums unter seinen Schutz gestellt habe.

In der Mitte des 11. Jahrhunderts wurde dann in Saint-Denis eine Legende von Karls Pilgerfahrt ins Heilige Land aufgezeichnet, in der seine angebliche Reise in den Orient, die ihn über Konstantinopel nach Jerusalem geführt haben soll, dargestellt wurde. Der Ansatzpunkt für diese Legende war, dass die im Kloster Saint-Denis liegende Dornenkrone Christi beglaubigt werden sollte: Karl habe diese Reliquie aus Konstantinopel mitgebracht.

Als in der Zeit des ersten Kreuzzugs (1096–1099) auch das altfranzösische Rolandslied (Chanson de Roland, um 1100) entstand, wurde darin auch Karls Spanienfeldzug von 777/78 als Kreuzzug gedeutet. In diesem Epos wird Karl in über 9000 Versen als Krieger und Kämpfer für Christus dargestellt. Um 1170 entstand am Hof Heinrichs des Löwen (Herzog von Sachsen und Baiern 1142–1180) eine deutsche Fassung dieses Verseposs, in der der Zusammenhang mit den Kreuzfahrten des 12. Jahrhunderts noch deutlicher wird als in seinem französischen Vorbild. Heinrich der Löwe war bei der Heiligsprechung Karls im Jahr 1165 zugegen (siehe Frage 81), und er hat 1172 eine Wallfahrt ins Heilige Land unternommen.

Während das deutsche Rolandslied des 12. Jahrhunderts keine weite Verbreitung erlangt hat, entstanden im 13. und im 14. Jahrhundert weitere dichterische Werke mit dem Thema vom Kreuzfahrer Karl, wobei vor allem die Karlsdichtung des Stricker (entstanden ca. 1215–30) beachtliche Resonanz fand. Erhalten haben sich 24 vollständige Handschriften und 23 Fragmente; weitere sieben Handschriften, die nicht mehr erhalten sind, kennen wir aus zeitgenössischen Nachrichten. Das Hauptthema dieses Epos mit seinen über 12 200 Versen ist abermals der Zug Karls nach Spanien, wobei mehrfach auf die Heiligkeit Karls hingewiesen wird. Viel größer noch als in Deutschland war die Zahl der Karlsdichtungen in Frankreich; bis 1450 entstanden hier über zwanzig Bearbeitungen des Karlsstoffs.

Neben diesen volkssprachigen Gedichten ist auf die lateinische *Historia Rotholandi et Karoli Magni* (Geschichte Rolands und Karls des Großen) hinzuweisen, die angeblich der 794 verstorbene Bischof

Turpin von Reims verfasst haben soll. In diesem Text wird Karl nicht nur als Kreuzfahrer nach Spanien, sondern auch als Verehrer des Apostels Jakobus beschrieben. Das um 1140 entstandene Werk pries Karl als Bekämpfer der Heiden und Stifter von Kirchen und beabsichtigte vor allem, Kämpfer für den heiligen Krieg in Spanien zu rekrutieren. Der Pseudo-Turpin erreichte sowohl in seiner lateinischen Fassung als auch in den zahlreich entstehenden volkssprachigen Übersetzungen eine geradezu riesige Verbreitung. Das in dieser Dichtung entworfene Bild Karls prägte die Vorstellung der Menschen im Mittelalter stärker als alle anderen Berichte.

81. Wie kam man auf die Idee, einen gewalttätigen Krieger heiligzusprechen? Als idealer Herrscher wurde Karl bereits von seinem ersten Biographen Einhard (siehe Frage 98) und erst recht von Notker von St. Gallen (siehe Frage 99) dargestellt. Kaiser Otto III. (983–1002) ließ am Pfingstfest des Jahres 1000 das Grab Karls in der Aachener Marienkirche öffnen; vielleicht hatte er die Absicht, in Aachen einen Kult des heiligen Kaisers Karl zu begründen. Verwirklicht hat die Heiligsprechung Karls am 29. Dezember 1165 Kaiser Friedrich Barbarossa (1152–1190) mit Hilfe des von ihm erhobenen Gegenpapstes Paschalis III. (1164–68). In einer Urkunde begründet der Kaiser diese Kanonisation damit, dass Karl zahlreiche Bischofssitze, Abteien und Kirchen errichtet und vor allem, dass er Heiden bekehrt habe: Als «starker Kämpfer und wahrer Apostel» habe er den christlichen Glauben bei Sachsen, Friesen, Westfalen, Vandalen und Spaniern verbreitet. Wegen seiner Bereitschaft, bei der Bekehrung der Ungläubigen zu sterben, sei er als Märtyrer anzusehen. Diese Verdienste machten Karl zum Heiligen in der Schar der Bekenner. Karls zum Teil grausam geführte Kriege gegen die Sachsen sind also unmittelbar ursächlich für seine Heiligsprechung. Auf dem von Barbarossa gestifteten Armreliquiar sind die Ereignisse dargestellt, die in der von Pseudo-Turpin berichteten Karlslegende (siehe Frage 80) beschrieben sind.

Eine Heiligsprechung von Königen war in der Zeit des 11. und 12. Jahrhunderts nicht ungewöhnlich. So wurde 1161 der englische König Edward der Bekenner (1042–1066) durch Papst Alexander III. heilig gesprochen; die Verehrung an seinem Grab in Westminster setzte schon bald danach ein. Der Dänenkönig Knut (1080–1086) war bereits 1101 heiliggesprochen worden.

In Frankreich war man seit Beginn des 12. Jahrhunderts bestrebt, die karolingische Tradition für die Festigung des europäischen Ansehens der kapetingischen Dynastie zu benutzen. In diesen Kontext gehört die Kanonisation Karls durch Barbarossa, der den Vorteil nützen konnte, dass die Grabstätte Karls in Aachen unzweifelhaft auf dem Gebiet des Reiches lag, während die Franzosen sich lediglich auf die angeblich von Karl aus dem Heiligen Land nach Saint-Denis gebrachten Reliquien aus Palästina berufen konnten. In Saint-Denis waren zwar merowingische Könige und auch Karls Vater Pippin bestattet, aber eben nicht Karl selbst. So konnte der Anspruch des französischen Königs auf das Kaisertum zurückgewiesen werden.

Zum nationalen Heros in Deutschland ist indes nicht Karl, sondern Friedrich Barbarossa geworden, der seit dem 16. Jahrhundert als der Kaiser gilt, der im Kyffhäuser schläft und auf dessen Wiederkunft das Reich wartet.

82. Wo wird der heilige Karl bis heute besonders verehrt? Die Heiligsprechung Karls des Großen wurde von der Kirche nie offiziell anerkannt, weil sie durch einen Gegenpapst und einen Kaiser, der den rechtmäßigen Papst Alexander III. bekämpfte, verkündet worden war. Dennoch hat die Verehrung des heiligen Karl weite Verbreitung gefunden. Ihren Ausgangspunkt nahm sie in Aachen, wo er begraben liegt. Dort wurden seine Gebeine 1215 in einen herrlichen goldenen Schrein gelegt, den Kaiser Friedrich II. (1208–1250) anfertigen ließ; sein Deckel zeigt die Wunder, die bei Pseudo-Turpin beschrieben sind. In Aachen kann man auch den wohl anlässlich der Heiligsprechung der Aachener Marienkirche gestifteten Barbarossaleuchter bewundern, wo auch sein Armreliquiar zu sehen ist. Bis heute gibt es in Aachen an Karls Todestag, dem 28. Januar, eine Messe, in der eine Karlsliturgie mit einem eigenen Messformular gefeiert wird; dabei wird der Hymnus *Urbs Aquensis, urbs regalis* («Aachen, Kaiserstadt, du hehre») gesungen.

Die Wallfahrten nach Aachen, die im 13. Jahrhundert verstärkt einsetzten, hatten ihren Grund aber weniger in der Verehrung des heiligen Karl, sondern darin, dass dort seit der Zeit Karls des Großen Reliquien gezeigt wurden, die im Jahr 799 zur Weihe der neuen Pfalzkapelle aus Jerusalem nach Aachen gebracht worden waren. Bis heute werden diese «Heiltümer» am Fest der Kirchweihe des Aachener Doms, am 17. Juli, gezeigt; zuletzt geschah das im Jahr 2007. Es han-

Statue Karls des Großen aus dem Kloster Müstair (1220)

delt sich dabei um die Windeln Jesu, um das Lendentuch Christi, ein Kleid der Maria und das Enthauptungstuch Johannes' des Täufers. Seit der Pest von 1349 werden diese Heiligtümer alle sieben Jahre gezeigt, und besonders im 14. und 15. Jahrhundert strömten zahlreiche Pilger nach Aachen, so dass die Stadt zum wichtigsten deutschen Wallfahrtsort überhaupt wurde. Bis heute wird Karl auch in Frankfurt am Main, im bayerischen Kloster Metten, in Müstair in der Schweiz, in Saint-Denis und in Valenciennes in Frankreich durch feierliche Gottesdienste an seinem Heiligentag geehrt.

Im 12. Jahrhundert verbreitete sich die Karlsverehrung sehr rasch ins Elsass und nach Straßburg; dort galt Karl als Stifter zahlreicher Kirchen. Um 1250 setzt die Karlsverehrung in Frankfurt ein, das bald schon zum Ort der Wahl und seit 1562 auch der Krönung des neuen Königs wurde. Seit dem 14. Jahrhundert, durch die Aktivitäten Kaiser Karls IV. (1347–1378), verbreitete sich der Karlskult vor allem im Rheinland, so in Lorsch, Ingelheim, Mainz und Trier, sowie in vielen Städten in Sachsen, wie Osnabrück, Paderborn, Minden, Hildesheim, Verden, Halberstadt und Magdeburg.

Auch das andere von Karl ins Frankenreich eingegliederte Land, nämlich Baiern, war seit dem 13. Jahrhundert ein wichtiger Standort des Karlskults: Kloster Metten berief sich seit dieser Zeit auf Karl als seinen Gründer, und in anderen bayerischen Klöstern gab es Handschriften des Pseudo-Turpin; außerdem wurde Karl an seinem Todestag ins Memorialbuch eingetragen, so in Prüfening, in Niederaltaich, in Weltenburg, Tegernsee und Kremsmünster.

Ein weiterer Schwerpunkt der Karlsverehrung findet sich in der heutigen Schweiz: In Zürich gab es einen Karlskult seit 1233; Karl wurde als Stifter des Großmünsters verehrt. Bei der Verfolgung eines Hirschs soll Karl von Köln bis Zürich geritten sein, wo der Hirsch am Grab der Märtyrer Felix und Regula auf die Knie gesunken sei. Die um 1220 angefertigte Karlsstatue, die früher an der Außenwand der Kirche angebracht war und von der heute eine Kopie aus dem 15. Jahrhundert in der Krypta steht, zeigt allerdings einen sitzenden Herrscher mit einem halb aus der Scheide gezogenen Richtschwert (siehe Abbildung auf S. 25).

Verehrung genießt Karl auch im graubündischen Kloster Müstair, denn er gilt seit dem 12. Jahrhundert als Stifter des Klosters. Es wurde zwar wahrscheinlich im letzten Viertel des 8. Jahrhunderts gegründet, aber nicht von Karl, sondern vom Bischof von Chur. 806 wurde

Müstair Reichskloster. Die bekannte Karlsstatue dürfte aber aus dem Beginn des 13. Jahrhunderts stammen.

In Sitten (Sion) in der Westschweiz gab es einen Karlskult vom 13. Jahrhundert bis 1914; Karl wurde in dieser Zeit als Patron der Diözese Sitten verehrt.

In Frankreich setzte die Verehrung des heiligen Karl unter König Karl V. (1364–1380) ein; sie hatte ihre Schwerpunkte einmal in Reims und in Metz, der alten Karolingerstadt; später aber auch in Südfrankreich, beispielsweise in Albi und in Narbonne. Der Weg nach Santiago führte über diese Städte, die sich mit dem Kämpfer gegen die Mauren verbunden sahen. König Ludwig XI. (1461–1483) führte den Karlskult am französischen Hof ein. In Paris wurde der Karlstag des 28. Januar bis zur Revolution als arbeitsfreier Tag begangen.

83. Welche Städte berufen sich auf Karl als ihren Gründer? Eine ganze Reihe von Städten nennt Karl den Großen ihren Gründer. Dazu gehören Paderborn und Frankfurt am Main, aber auch Zürich und Florenz. Bei Paderborn ist dieser Anspruch vollkommen berechtigt. Ursprünglich sollte diese Pfalz ja *Karlopolis* heißen; erst nachdem die erste befestigte Ansiedlung von den Sachsen wieder zerstört worden war, erhielt die neue Gründung den Namen Paderborn (siehe Frage 46). Auch weitere sächsische Städte, wie Hildesheim, Verden und Magdeburg, berufen sich mit mehr oder weniger Berechtigung darauf, Gründungen Karls des Großen zu sein.

Frankfurt hat es als Ansiedlung und wohl auch als Königshof vielleicht schon vor Karl gegeben, aber urkundlich erstmals erwähnt wird «Frankonofurt» für das Jahr 794, als dort eine große Reichsversammlung und Synode stattfand. Ob es damals bereits größere Bauten in Frankfurt gegeben hat, ist umstritten; die zeitgenössischen Quellen berichten nichts über eine derartige Bautätigkeit; wahrscheinlich wurde die karolingische Pfalz erst unter Ludwig dem Frommen errichtet. Der heute zu Frankfurt gehörige Ortsteil Sachsenhausen hat seinen Namen wahrscheinlich von den aus den Gebieten nördlich der Elbe ins Innere des Frankenreichs deportierten Sachsen. Ohne Zweifel hat Karl auch in Ingelheim eine neue Königspfalz erbaut; seit dem 12. Jahrhundert gilt Ingelheim gar als Karls Geburtsort.

In Zürich, wo Karl als Stifter des Großmünsters, der städtischen Hauptkirche von Zürich, verehrt wird, kam im Spätmittelalter auch die Vorstellung auf, er sei der Gründer der Stadt gewesen. In Wahrheit war es aber wohl Karls Enkel Ludwig der Deutsche oder dessen Sohn Karl III., der die besagte Kirche gestiftet hat.

Im Falle von Florenz ist die Behauptung, Karl sei ihr Gründer gewesen, einigermaßen erstaunlich: Man möchte doch meinen, dass in diesem Falle die römische Gründung aus dem Jahr 70 v. Chr. viel mehr Ansehen eintragen könnte; aber der Florentiner Geschichtsschreiber Giovanni Villani (1276–1348) berichtet in seiner Chronik (IV,1–3), dass Florenz, das von den Goten und Vandalen vollkommen zerstört worden war, durch Karl den Großen erneut gegründet worden sei. Angeblich soll Karl im Jahr 805 Florenz besucht haben; in diesem Jahr ist Karl aber sicher nicht in Italien gewesen. Nach dem Vorbild von Florenz entwickelte sich auch in Assisi die Legende, dass Karl der Große diese Stadt nach ihrer nachantiken Zerstörung wieder aufgebaut habe.

84. Hat Karl die Universität Paris gegründet? Zu den folgenreichsten Errungenschaften des Mittelalters zählen die Universitäten, die im Lauf des 12. Jahrhunderts zuerst in Italien (Bologna) und in Frankreich (Paris), dann auch in England (Oxford und Cambridge) entstanden. Seit dem ausgehenden 13. Jahrhundert wurde die «Erfindung» der Universitäten Karl dem Großen zugeschrieben. Einer der Ersten, der diese Behauptung aufstellte, war der Kölner Kanoniker Alexander von Roes († vor 1300). Er schrieb in seinem *Memoriale*, dass Karl das *studium*, also die hohe Schule der Philosophie und der sieben freien Künste (siehe Frage 64) von Rom nach Paris übertragen habe. Am Rand einer Handschrift dieses Werkes hat ein Leser notiert: «Merke! Karl der Große hat die Universität Paris gegründet!» Diese legendenhafte Vorstellung entwickelte sich aus zwei Quellen: Zum einen aus Karls zweifellos vorhandenem Interesse an den Schulen (siehe Frage 66) und zweitens aus der Vorstellung von der *Translatio imperii*, der «Übertragung des Reiches» von den Römern auf die Franken (siehe Frage 52), die auch eine *Translatio studii*, eine «Übertragung der Studien» von Griechenland über Rom nach Paris zur Folge gehabt habe. Seit dem 15. Jahrhundert gab es an der Pariser Universität eine Bruderschaft zu Ehren der Gottesmutter und des heiligen Karl. An einem zu seiner Ehre errichteten Altar mit einer Statue beging man das Fest am 28. Januar.

Auch in Bologna, der anderen alten Universität in Europa, wurde die Legende von einer Neugründung der Schule der freien Künste durch Karl den Großen gepflegt: Ursprünglich sei sie durch Kaiser Theodosius II. (408–450) eingerichtet worden, dann aber während der Langobardenherrschaft völlig heruntergekommen, um dann durch Karl neu gegründet zu werden. Um nicht hinter Bologna zurückstehen zu müssen, behaupteten auch Pavia und Padua, dass ihre Universitäten die Gunst Karls genossen hätten.

85. Geht das Kurfürstenkolleg auf Karl den Großen zurück?

Das Kurfürstenkolleg, also die sieben Fürsten, die zur Wahl eines römisch-deutschen Königs berechtigt waren, bildete sich in der ersten Hälfte des 13. Jahrhunderts allmählich heraus.

Papst Innocenz III. (1198–1216) hatte in einer Dekretale (päpstliche Rechtsauskunft), die mit dem Wort *Venerabilem* beginnt, behauptet, dass die Päpste den deutschen Fürsten das Recht zur Königswahl übertragen hätten. Dieser Behauptung wollten die Gegner der päpstlichen Oberherrschaft entgegentreten. Zuerst in der Karlsdichtung des Stricker (zwischen 1215 und 1230 entstanden; siehe Frage 80), taucht die Erzählung auf, dass Karl der Große den Fürsten das Königswahlrecht verliehen habe. Karl habe der Jungfrau Maria eine Kirche geweiht, in der die deutschen Fürsten ihren König wählen und krönen sollten; und der Ort, an dem diese Kirche steht, ist Aachen. Auf diese Weise sollte eine Beteiligung des Papstes an der Königserhebung ausgeschlossen werden.

In dem um 1288 entstandenen und im Spätmittelalter weit verbreiteten *Memoriale* des Kölner Kanonikers Alexander von Roes (2. Hälfte des 13. Jahrhunderts) heißt es (c. 24):

«Man wisse also, dass der heilige Kaiser Karl der Große mit Zustimmung und im Auftrag des Papstes aus göttlicher Eingebung bestimmt und angeordnet hat, dass das Römische Kaisertum für immer an die rechtmäßige Wahl durch die deutschen Fürsten gebunden bleiben sollte.» Im weiteren Verlauf des Kapitels werden als wahlberechtigte Fürsten die drei Erzbischöfe von Trier, Köln und Mainz sowie der Pfalzgraf bei Rhein genannt. Ob Alexander die drei übrigen Kurfürsten – den König von Böhmen, den Herzog von Sachsen und den Markgrafen von Brandenburg – wohl weggelassen hat, weil er wusste, dass diese Gebiete in Karls Zeit gar nicht zum Frankenreich gehört hatten?

86. Inwiefern war Karl eine Quelle des Rechts? Mindestens seit dem 12. Jahrhundert gilt Karl als bedeutender Gesetzgeber, so wie es in der kurz vor 1150 in Regensburg entstandenen Kaiserchronik heißt: «Karl hat in Rom die Gesetze erlassen, die ein Engel ihm eingeflüstert hatte; es waren Worte Gottes.» Auch über den Inhalt der Gesetze sagt diese Chronik einiges: Es waren nämlich solche, die Konstantin der Große bei seiner Gesetzgebung «vergessen» hatte, wie etwa die Zehntforderung (die Verpflichtung, den 10. Teil der Erträge an die Kirche abzuliefern) und die Regulierung der Kirchenschenkungen. Außerdem habe Karl den Bauern eine bestimmte Bekleidung vorgeschrieben, nämlich ein schwarzes oder graues Gewand und Schuhe aus Rindsleder; er habe sie auch zur Einhaltung der Sonntagsruhe verpflichtet und ihnen verboten, ein Schwert zu tragen. Ein Waffenverbot für Bauern ist jedoch in Wahrheit erst in der Mitte des 12. Jahrhunderts in einem Landfrieden (einer Rechtsverordnung zum Schutz des öffentlichen Friedens) Barbarossas verhängt worden, während Karl an der Wehrpflicht der Freien festgehalten hat.

Karl der Große gilt seit dem 13. Jahrhundert ganz allgemein als großer Gesetzgeber, der die deutschsprachigen Rechtsbücher des Sachsen- und des Schwabenspiegels mindestens angeregt haben soll. Das Landrecht des Sachsenspiegels wurde seit ca. 1250/1270 als Satzung des heiligen Kaisers Karl angesehen. In diesem um 1230 abgefassten Rechtsbuch wird Karl neben Konstantin als der erste Gesetzgeber der Sachsen bezeichnet. Das ist nicht falsch, da nicht nur zwei Kapitularien für Sachsen erhalten sind, sondern auch die *Lex Saxonum* wohl auf Karls Anregung hin kurz nach 800 aufgezeichnet wurde.

Im Schwabenspiegel, einem Rechtsbuch, das 1275/76 in Augsburg entstanden ist, wird gleich am Beginn behauptet, dass in diesem Werk «Karls Recht» verzeichnet sei. An verschiedenen Stellen des Werkes wird Karl als Urheber bestimmter Rechtsvorschriften bezeichnet. Zum Beispiel heißt es in Artikel 51, dass «König Karl festgesetzt habe, dass ein junger Mann bis zu seinem 25. Lebensjahr einen Vormund haben soll».

Das Femegericht, seit dem 13. Jahrhundert vor allem in Westfalen verbreitet, war ein geheimes Gericht der Femegenossen, die behaupteten, im Namen des Kaisers zu richten. Die von diesen Gerichten verfolgten Delikte waren Gewaltverbrechen und Bruch des Landfriedens wie Diebstahl, Raub, Mord, Notzucht und Meineid. Das Urteil war entweder ein Freispruch oder der Tod durch den Strang.

Wenn ein Angeklagter der Ladung nicht Folge leistete, wurde er in Acht getan, «verfemt». Als Erfinder dieses Gerichts galt dem Mittelalter Karl der Große, der diese Einrichtung zusammen mit Papst Leo III. geschaffen haben soll. Ganz ohne Rückhalt an der Realgeschichte ist auch diese Legende nicht, denn Karl hat an der Gerichtsverfassung weit reichende Veränderungen vorgenommen; so hat er etwa das Institut der Schöffen als Urteiler eingeführt, die es ja noch heute gibt.

87. Was haben die Rolandsäulen mit Karl dem Großen zu tun? In vielen Städten, vor allem in Norddeutschland, steht vor dem Rathaus – wie etwa in Bremen – eine Säule, die einen Ritter mit Schwert darstellt. Man ist sich inzwischen sicher, dass dieser Ritter der «Paladin», der Begleiter Karls des Großen mit Namen Roland sein soll, der oft auch als der Sohn von Karls Tochter Berta aufgefasst wird (siehe Frage 88). Seit Anfang des 13. Jahrhunderts war die Sage von Roland und von seinem Tod in der Schlacht gegen die Ungläubigen auch in Deutschland weit verbreitet. Dazu hatte weniger das Rolandslied beigetragen, das nicht sehr bekannt war, sondern die deutsche Fassung der Geschichte Karls des Großen des sogenannten Pseudo-Turpin (siehe Frage 80). Außerhalb Deutschlands setzte die heiligmäßige Verehrung Rolands schon im Lauf des 12. Jahrhunderts ein; daher gibt es etwa in Verona, in Tarragona oder in Salamanca bereits Rolandstatuen an Kirchen aus dieser Zeit. Auch der 1215 angefertigte Karlsschrein in Aachen (siehe Frage 80) zeigt Karl den Großen und Roland. In der Kathedrale von Chartres wurde 1230 ein Glasfenster mit der Darstellung Rolands mit Heiligenschein angebracht, und auch in der Abteikirche von Saint-Denis gab es seit ca. 1140 ein solches Fenster. In der Kathedrale von Reims stehen die Statuen des Reimser Bischofs Turpin und die Rolands nebeneinander. In Deutschland gibt es eindeutige Nachrichten von einer Verehrung des heiligen Märtyrers Roland vor allem aus dem 15. Jahrhundert: An seinem Fest, am 16. Juni, wird seine Verehrung 1466 in Köln und 1480 in Utrecht bezeugt.

Wie aber kommt Roland nach Sachsen, und warum wird seine Statue dort nicht an oder in Kirchen, sondern vor dem Rathaus aufgestellt? Seit dem 13. Jahrhundert kommt die Sage auf, dass Roland Karl den Großen bei der Eroberung Sachsens unterstützt hat. Und die Ausstattung Rolands mit einem (Richt-)Schwert wird darauf

Rolandsäule
aus Halle an der
Saale (1. Hälfte
13. Jahrhundert)

zurückgeführt, dass in der Erzählung des Pseudo-Turpin Roland von
Karl als «Schwert der Gerechtigkeit» und «Verteidiger der Christen»
angesprochen wird. In der Karlsvita in der weit verbreiteten und auch
in die Volkssprachen übersetzten *Legenda aurea* (eine Sammlung von
Heiligenlegenden) aus dem ausgehenden 13. Jahrhundert wird Roland
als «allerheiligster Roland» bezeichnet. In der Sächsischen Weltchro-
nik, einem Geschichtswerk aus dem 13. Jahrhundert, wird davon gesprochen, dass Roland mit dem Schwert Karls des Großen gekämpft
haben soll. Roland und sein Schwert wurden dann zum Sinnbild der
Rechte und Freiheiten der sächsischen Städte.

Aus diesen literarischen Zeugnissen wird deutlich, dass Roland im Spätmittelalter auch in Deutschland ein berühmter Heiliger geworden ist, dessen Ruhm im Volk den Karls des Großen vielleicht sogar noch überstrahlte. Die Rolandsäulen vor den norddeutschen Rathäusern bezeugen dies.

88. Wieso hat man Karl vorgeworfen, Inzest mit seiner Tochter getrieben zu haben? Die Berichte über die zahlreichen Ehefrauen und Konkubinen Karls sowie über seine illegitimen Kinder und die seiner unverheirateten Töchter haben wohl dazu geführt, dass spanische und französische Epen des 14. Jahrhunderts, die die Rolandsage aufgreifen (siehe Fragen 80 und 84), Karl und seine Tochter Berta, die Mutter von Nithard und Hardnit, zu Eltern Rolands gemacht und damit dem Frankenkönig eine inzestuöse Beziehung angedichtet haben. Dieses Motiv geht aber vermutlich auf ältere Vorlagen zurück, denn in einer Abschrift von Einhards *Vita Karoli*, die im 12. Jahrhundert angefertigt wurde, findet sich bei der Erwähnung von Rolands Tod eine Randbemerkung, dass er der Sohn von Karls Schwester gewesen sei, wie die Sänger in vielen Liedern besingen würden. Aus den zeitgenössischen Quellen wissen wir, dass Karls Schwester Gisela bis zu ihrem Tod († um 810) als Nonne im Kloster Chelles lebte, was natürlich nicht völlig ausschließt, dass sie Mutter eines Sohnes geworden ist. Kritik an Karls Triebleben war aber bereits bald nach seinem Tod aufgekommen, als der Mönch Wetti auf der Reichenau in einer Jenseitsvision den Herrscher in der Hölle sah, wo ein Vogel seine Scham zerfleischte (siehe Frage 24).

89. War Karl der Große nekrophil? Karls vierte Gemahlin Fastrada ist als geheimnisvolle Frau in die Sage eingegangen, die auch noch nach ihrem Tod mit Hilfe von Zauberkräften Macht über ihren Mann ausgeübt haben soll, denn Karl habe es aus übergroßer Liebe zu ihr nicht über sich gebracht, sie bestatten zu lassen, sondern habe sich mit der Toten eingeschlossen. Erst der Bischof Turpin (Tilpin) von Reims habe den Bann gebrochen, indem er der Toten einen magischen Ring wegnahm, den sie vor ihrem Tod unter ihre Zunge gelegt habe. Daraufhin habe Karl Fastradas Bestattung erlaubt, und Turpin habe den Ring in einem Gewässer bei Aachen versenkt, was die besondere Vorliebe des Kaisers für diesen Ort erkläre. Noch der Dichter Petrarca (1304–1374) glaubte dieser Sage und erwähnte in einem Brief die angebliche Nekrophilie Karls des Großen. In Wirklichkeit wurde Fastrada bereits am Tag nach ihrem Tod (10. August 794 in Frankfurt) auf Wunsch ihres Verwandten, Bischofs Riculf von Mainz, im Kloster St. Alban bei Mainz bestattet. Als das Kloster 1522 zerstört wurde, brachte man Fastradas Grabstein mit der Grabinschrift, die Theodulf von Orléans gedichtet hatte, im Mainzer Dom an, wo er heute noch zu sehen ist. Vielleicht ist Fastradas Rolle in einem negativen Karlsbild damit zu erklären, dass Einhard sie in seiner weit verbreiteten Vita Karoli recht unsympathisch dargestellt hat.

90. Wie kommt Karl der Große in die Bildergeschichten von Wilhelm Busch?

Im 12. Jahrhundert entstand in Lorsch die Sage, Karls Hofgelehrter Einhard sei mit einer Tochter Karls eine Liebesbeziehung eingegangen und beide seien im Winter zusammen aus dem Palast geflüchtet. Um die gemeinsame Flucht zu verschleiern, habe die Karlstochter Einhard, der in der Sage Eginhard heißt, auf die Schultern genommen, so dass im Schnee nur die Spuren einer einzigen Person zu sehen gewesen seien.

Einhards geringe Körpergröße, die auch in den Quellen erwähnt wird, und seine große Liebe zu seiner Frau Imma dürften den Anstoß zu dieser Sage gebildet haben, bei der aus Imma dann eine Tochter Karls des Großen wurde. Vermutlich war ein weiterer Hintergrund dieser Fiktion das Verhältnis der Karlstochter Berta mit dessen Vertrautem Angilbert, dem späteren Laienabt von Saint-Riquier, von dem sie die Zwillinge Nithard und Hardnit zur Welt brachte.

Die Sage wurde dann in der Neuzeit nicht nur in Form eines Singspiels von Georg Philipp Telemann (1681–1767) und in der Oper «Fierrebras» von Franz Schubert (1797–1828) wiederaufgenommen, sondern auch vom humoristischen Zeichner und Dichter Wilhelm Busch (1832–1908), dem berühmten Erfinder von Max und Moritz. Unter dem Titel «Eginhard und Emma» zeichnete er 1864 für die Fastnachtsausgabe der Fliegenden Blätter (eine humoristische deutsche Wochenschrift) eine lustige Bildergeschichte, in der Karl der Große, weil er nicht schlafen kann, die beiden Fliehenden entdeckt («Karolus Magnus kroch ins Bett, weil er sehr gern geschlafen hätt' – jedoch vom Sachsenkriege her, plagt ihn ein Rheumatismus sehr»).

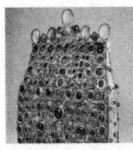

XI. Quellen und Denkmäler aus Karls Zeit

91. Welche Bauwerke aus Karls Zeit können heute noch bewundert werden? Das berühmteste Bauwerk, das in Karls Zeit erbaut wurde, ist der Aachener Dom, den Karl als Pfalzkapelle in den Jahren von 796 bis 805 hat errichten lassen. Aus der Zeit um 800 stammt der achteckige Zentralbau, der nach byzantinischen Vorbildern, wie sie in der Kirche von San Vitale in Ravenna besichtigt werden konnten, aufgeführt wurde.

Ein merkwürdiges Zeugnis der Architektur der Karolingerzeit ist die sogenannte Torhalle oder Königshalle in Lorsch, die im heute zum Welterbe zählenden gleichnamigen Kloster zu besichtigen ist. Aber wann wurde dieser Bau errichtet? Während die ältere Forschung eine Errichtung noch im 8. Jahrhundert vermutete, wird heute die Entstehung des Baus im 9. Jahrhundert angenommen – entweder um dessen Mitte, unter König Ludwig dem Deutschen, oder gegen Ende, nach dem Tod dieses Herrschers im Jahr 876. Jedenfalls ist der Bau in der Karolingerzeit errichtet worden.

Eine in Deutschland wenig bekannte, aber mit Sicherheit noch zu Lebzeiten Karls des Großen errichtete Kirche ist die kleine Salvatorkirche in der Gemeinde Germigny in der Nähe von Orléans in Frankreich. Einer der wichtigsten Berater Karls, Bischof Theodulf von Orléans (siehe Frage 67), hat sie im Jahr 806 geweiht. Ob sie eine Privatkapelle des Bischofs war oder ob sie als Gotteshaus einer Klosteranlage dienen sollte, ist ungewiss.

In eher abgelegenen Regionen haben sich weitere kleine Kirchen aus den Tagen Karls erhalten, so etwa die Kirche St. Benedikt in Mals im oberen Vinschgau, in der berühmte Fresken aus dem 9. Jahrhundert zu sehen sind.

Von den großen Kirchenbauten, die im 8. oder zu Beginn des 9. Jahrhunderts errichtet wurden, ist oberirdisch fast nichts erhalten, weil sie im weiteren Verlauf des Mittelalters durch größere, jedenfalls modernere Gebäude ersetzt wurden. Wir müssen uns in diesen Fällen mit den ergrabenen Grundrissen begnügen, die von den gewaltigen Ausmaßen mancher Kirchen zeugen (siehe Frage 5). Besonders eindrucksvoll waren die Kirchenbauten, die Karls Freund Angilbert in seinem Kloster Saint-Riquier (Centula) in der Nähe von Amiens in Auftrag gegeben hat. Neben einer Basilika zu Ehren des

Aachener Dom, Inneres

Klosterheiligen Richarius ließ er eine zwölfeckige Marienkirche mit einem Durchmesser von ca. 20 Metern errichten, deren Grundmauern archäologisch gesichert werden konnten.

92. An welcher Großbaustelle ist Karl gescheitert?

Wahrscheinlich zur Vorbereitung des Feldzugs gegen die Awaren wurde der Plan entwickelt, eine Wasserstraße anzulegen, die das Stromgebiet des Rheins mit dem der Donau verbinden sollte. Noch heute sind Reste dieser Arbeiten in der Nähe von Weißenburg in Bayern vorhanden, der sogenannte Karlsgraben (*fossa carolina*).

Interessant ist, dass diese Stelle tatsächlich optimal ausgewählt wurde, denn dort ist das Einzugsgebiet der beiden Ströme nur ca. 1500 bis 1800 Meter voneinander entfernt, und auch der zu überwindende Höhenunterschied ist recht gering, er beträgt nur etwa 20 Meter. Dennoch war der zu bewältigende Arbeitsaufwand hoch: Mehrere tausend Arbeiter hätten mindestens drei Monate lang Erdbewegungen durchführen müssen, um den Kanal zu bauen. Das Unternehmen musste abgebrochen werden, weil starker Regen in der Nacht die am Tag ausgegrabene Erde jeweils wieder abrutschen ließ.

In der überarbeiteten Fassung der Reichsannalen findet sich folgender Bericht:

«Karl war von einigen Leuten ... überzeugt worden, dass, wenn zwischen Rednitz und Altmühl ein schiffbarer Graben geführt würde, man ganz bequem von der Donau in den Rhein fahren könnte, da der eine von jenen Flüssen in die Donau, der andere in den Main mündet. Darum begab er sich sogleich mit seinem ganzen Gefolge in die Gegend, ließ eine große Menge Menschen dahin kommen und den ganzen Herbst hindurch daran arbeiten. Es wurde also zwischen diesen beiden Flüssen ein Graben gezogen, zweitausend Schritte lang und dreihundert Fuß breit; jedoch umsonst. Denn bei dem anhaltenden Regen und da das sumpfige Erdreich schon von Natur zu viel Nässe hatte, konnte die Arbeit keinen Halt und Bestand gewinnen, sondern wie viel Erde bei Tag von den Grabenden herausgeschafft wurde, so viel setzte sich wieder bei Nacht, indem die Erde wieder an ihre alte Stelle einsank.»

Auch wenn dieser Rhein-Main-Donau-Kanal also nicht vollendet werden konnte, ist allein schon der Versuch sehr eindrucksvoll – bis heute hat sich ein länglicher Teich von beachtlicher Größe erhalten –, weil er zeigt, dass Karl der Große dazu imstande war, ein solches Werk an der am besten geeigneten Stelle zu beginnen sowie die notwendigen logistischen Vorkehrungen für die Ernährung und Unterbringung einer großen Anzahl von Arbeitern zu planen und auch umzusetzen. Dass man in der Zeit um 800 durchaus zu solchen Anstrengungen imstande war, zeigen auch vergleichbare Erdbauwerke wie Offa's Dyke in Wales (siehe Frage 73) und der Wall an der Eider im südlichen Dänemark (siehe Frage 74).

93. Welche Kunstwerke aus Karls Zeit besitzen wir noch? Sehr viele Kunstwerke aus Gold oder anderen edlen Materialien aus dem ausgehenden 8. und beginnenden 9. Jahrhundert haben sich nicht erhalten. Der Mangel an sicher datierten Vergleichsstücken erschwert folglich eine eindeutige Datierung.

Die sogenannte Stephansbursa ist im 1. Drittel des 9. Jahrhunderts, vielleicht also noch in der Regierungszeit Karls des Großen, entstanden. Lange Zeit wurde sie in einem Fach unterhalb des Sitzes des Aachener Throns aufbewahrt; heute befindet sie sich in Wien, weil sie auch noch in der Neuzeit zu den Reichskleinodien gehörte.

Zu den zeitgenössischen Kunstwerken gehört ferner der sogenannte «Talisman» Karls des Großen, ein auf der Brust zu tragendes Reliquienbehältnis, das in einem Edelstein einen Partikel des Kreuzes Christi enthält; angeblich hat Karl dieses Reliquiar noch im Grab um seinen Hals getragen. Heute wird es in der Kathedrale von Reims aufbewahrt, nachdem die Stadt Aachen dieses Kunstwerk im Jahr 1804 der Kaiserin Josephine geschenkt hat. Von kunsthistorischer Seite wird die Zuschreibung an Karl den Großen für «plausibel» gehalten.

Eine Kanne Karls des Großen befindet sich heute im Kloster von Saint-Maurice d'Agaune im Wallis. Karl soll sie nach seinem Sieg über die Awaren diesem Kloster geschenkt haben. Die Emailarbeiten an diesem Stück sind fremdartig; sie könnten ursprünglich das Zepter des Awarenkhans geschmückt haben, während die Goldschmiedearbeiten aus einer karolingischen Werkstatt stammen.

Nicht mehr erhalten ist der Einhardsbogen, aber von ihm besitzen wir immerhin eine recht genaue Zeichnung aus dem 17. Jahrhundert. Es handelt sich dabei um einen ca. 38 Zentimeter hohen und 23 Zentimeter breiten Triumphbogen aus Silber, der mit reichem Bilderschmuck ausgestattet war. Der Name des Stifters *Einhardus peccator*

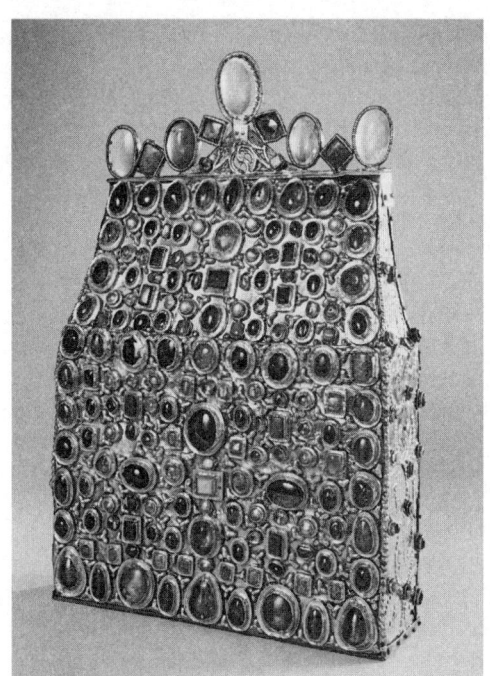

Die Stephansbursa ist ein Reliquiar in Form einer Pilgertasche und Teil der Reichskleinodien (heute in Wien).

(«der Sünder Einhard») war in den Bogen eingeschrieben (siehe Abbildung auf S. 106).

Außerdem besitzen wir einige Elfenbeintafeln, die als Einbände von Prachthandschriften benutzt wurden.

Besondere Erwähnung unter den Kunstwerken aus der Zeit Karls des Großen verdienen die Bronzewerkstücke am Aachener Dom. Vier Doppeltüren und acht Emporengitter aus Bronze von geradezu riesigen Ausmaßen sind erhalten; sie wurden von einer Werkstatt, die man eigens dafür nach Aachen hat kommen lassen, gefertigt. Schon die Zeitgenossen waren von diesen Arbeiten beeindruckt: So erwähnt etwa Einhard ausdrücklich die Türen und Gitter aus Bronze, als er von der Errichtung der Pfalzkapelle spricht.

94. Stellt die Reiterstatuette aus Metz Karl den Großen dar?

Aus der Kathedrale von Metz stammt ursprünglich eine 24 Zentimeter hohe Reiterstatue aus Bronze, die einen Herrscher mit einer Krone auf einem Pferd zeigt; sie wird heute im Museum des Louvre in Paris aufbewahrt (siehe Abbildung auf S. 21). Man ist sich heute sicher, dass das Kunstwerk in der Zeit um 860 hergestellt wurde, aber welchen König zeigt die Skulptur?

Der Kopf entspricht durchaus dem Bild auf dem Silberdenar mit der Umschrift *KAROLUS IMP AUG*; also «Karl, Kaiser und Augustus» (siehe Abbildung auf S. 63).

Das Pferd ist entweder eine Nachahmung einer antiken Statue oder stammt überhaupt aus spätantiker Zeit. Die Darstellung Karls als Reiter könnte ikonographisch an die Reiterstatue Marc Aurels in Rom anknüpfen, die im Mittelalter als Reiterbildnis des ersten christlichen Kaisers Konstantin des Großen aufgefasst wurde.

In seiner linken Hand trägt der Herrscher einen Reichsapfel; dieses Herrschaftszeichen ist indes frühestens aus der Zeit Karls des Kahlen bekannt. Aber ist damit schon erwiesen, dass der dargestellte König auch Karl der Kahle sein soll? Was der Reiter in seiner rechten Hand trug, ist unklar; wir wissen nicht, ob es ein Schwert war oder ein Zepter; heute ist die Hand leer.

Percy Ernst Schramm hat eine salomonische Lösung des Problems vorgeschlagen: Es sind beide karolingischen Herrscher mit Namen Karl, Karl der Große und Karl der Kahle gemeint; die Statuette ist ein Erinnerungsbild an Karl den Großen und zugleich ein Abbild Karls des Kahlen. Aber hat der dargestellte König eine Glatze, ist er kahl? Wenn man den dargestellten Reiter von hinten betrachtet, zeigt sich, dass dessen Kopf sehr wohl behaart ist. Wenn also Karl «der Kahle» wirklich eine Platte hatte, dann würde die Reiterstatue eben doch Karl den Großen zeigen.

95. Haben sich Reichsinsignien Karls erhalten? Im Mittelalter galt der Thron Karls im Aachener Münster als echte Reliquie aus seiner Zeit. Der Thron aus Marmorplatten, die aus der Grabeskirche von Jerusalem stammen, ist wahrscheinlich ein Werk aus der Zeit um 800, aber er wird in keiner zeitgenössischen Schriftquelle erwähnt. Dies hat dazu geführt, dass man den Aachener Thron zeitweise eher als ein Werk aus der Zeit Ottos I. (936–972) angesehen hat. Otto I. war der erste König, der nach seiner Krönung auf diesen Thron gesetzt wurde. Bis 1531 wurden zahlreiche weitere römisch-deutsche Könige auf diese Weise in ihr Amt eingeführt.

Das heute in Wien in der weltlichen Schatzkammer der Hofburg

Sogenannter Thron
Karls des Großen im
Aachener Dom

liegende sogenannte Reichsschwert stammt keinesfalls aus der Zeit Karls des Großen, sondern wurde wahrscheinlich am Ende des 12. Jahrhunderts angefertigt. Die ebenfalls erhaltene mittelalterliche Scheide aus Olivenholz, auf der sich 14 Goldplatten befinden, die ebenso viele Könige darstellen, stammt wahrscheinlich aus der Zeit Heinrichs IV. (1056–1106).

Ein anderes angebliches Schwert Karls des Großen wird heute im Louvre in Paris gezeigt; seit 1271 und bis 1824 wurde dieses Schwert bei der Krönung des französischen Königs dem Herrscher vorangetragen. Man kann heute Nachbildungen dieses Schwertes im Internet erwerben, aber es ist sehr unwahrscheinlich, dass Karl tatsächlich das Original jemals in seiner Hand gehabt hat.

In Wien wird auch der sogenannte Säbel Karls des Großen gezeigt, der aber wahrscheinlich erst im 11. Jahrhundert in den Schatz der deutschen Kaiser gelangt ist. Es dürfte sich dabei um ein Stück ungarischer Herkunft handeln, das im 9. oder 10. Jahrhundert geschmiedet wurde. Angeblich soll Karl den Säbel vom Kalifen Harun ar-Raschid geschenkt bekommen haben.

Die ebenfalls in Wien zu besichtigende Heilige Lanze könnte aus der Zeit Karls des Großen stammen, aber über ihre frühe Geschichte ist nichts weiter bekannt. Im Jahr 926 hat König Heinrich I. (919–936) sie von dem burgundischen König Rudolf II. durch Tausch erworben, und bald schon wurde sie als Zeichen der Unbesiegbarkeit bei Feldzügen des ostfränkisch-deutschen Königs dem Heer vorangetragen. Seit dem 11. Jahrhundert galt sie als Lanze des heiligen Mauritius; am Beginn des 13. Jahrhunderts wurde sie zur Lanze des Longinus, der mit ihr die Seite des am Kreuz hängenden Christus geöffnet hatte, umgedeutet.

Auch die Reichskrone wurde zeitweilig als Hinterlassenschaft Karls des Großen angesehen, wie es beispielsweise das berühmte Gemälde Albrecht Dürers zeigt, auf dem Karl diese Krone trägt (siehe Abbildung S. 86). Die Kunstgeschichte konnte sich zwar bis heute nicht auf eine sichere Entstehungszeit einigen – die Vermutungen reichen von einer Entstehung um die Mitte des 10. bis zur Mitte des 12. Jahrhunderts –, aber die Zeit Karls scheidet mit Sicherheit als Entstehungszeitraum aus.

96. War Karl ein Bücherfreund? Auch wenn Einhard in seiner Vita berichtet, Karl habe in schlaflosen Nachtstunden mühsam das Schreiben geübt, steht es außer Frage, dass der König ein großer Freund von Büchern war – *studiosus in arte librorum* (=bemüht um die Kunst der Bücher) –, so bezeichnet der *famulus* Godescalc, der die erste Prachthandschrift für Karl den Großen schuf, den Herrscher in seinem Widmungsgedicht, das er dem kostbaren Buch vorangestellt hat. Wir erfahren, dass Godescalc in Karls Gefolge war, als dieser 781 nach Rom zog, zusammen mit seiner dritten Gemahlin Hildegard und den Söhnen Karl und Pippin, die dort vom Papst getauft wurden. In diesem Jahr begann Godescalc seine Arbeit, die er 783, also im Todesjahr Hildegards, die neben ihrem Gemahl als Auftraggeberin des Buches genannt ist, abschloss. Das sogenannte Godescalc-Evangelistar (eine nach den Festen des Kirchenjahres geordnete

Sammlung von Texten, die im Gottesdienst zu lesen sind) ist das erste Werk der begabten Künstler, die offenbar eine eigene Gemeinschaft innerhalb der Hofschule bildeten und versuchten, möglichst dreidimensional wirkende Bilder zu schaffen – eine Kunst, die bereits in der Antike angestrebt wurde. Die Darstellung der menschlichen Figur im Raum, hauptsächlich ausgeführt am Motiv der vier Evangelisten mit ihren Büchern, erscheint immer wieder in den karolingischen Prachthandschriften. Dabei schöpften die Künstler der Hofschule aus drei Inspirationsquellen, nämlich der antiken und spätantiken Kunst Italiens, der byzantinischen und der insularen Kunst. Außer Acht gelassen wurde dagegen die merowingerzeitliche Buchmalerei, die im Unterschied zur karolingischen Hofkunst ein Produkt der Klöster gewesen war. Die Texte wurden auf Pergament von bester Qualität geschrieben, häufig auf Purpur, und zwar mit Gold- und Silbertinte. Als Schrift wählte man die karolingische Minuskel oder eine sogenannte Uncialis, eine gut lesbare Schrift in Großbuchstaben.

Die erhaltenen karolingischen Prachthandschriften, die heute in verschiedenen Bibliotheken der Welt als besondere Kostbarkeiten gehütet werden, zeichnen sich durch ganzseitigen Bilderschmuck aus sowie durch besonders schön gestaltete Initialen an den Kapitelanfängen und Ornamentrahmen um die Seiten. Im Laufe der Zeit wurden die Maltechniken wie die Verwendung der kostbaren Materialien immer weiter perfektioniert. Aus der Zeit Karls haben sich ein gutes Dutzend solcher Prachthandschriften erhalten, die ihren Namen nach dem jeweiligen Künstler wie Godescalc oder Dagulf erhalten haben bzw. nach dem Bestimmungsort oder dem Auftraggeber. Eine Gruppe von Prachthandschriften wird nach der Auftraggeberin, einer Äbtissin namens Ada, als «Ada-Handschriften» bezeichnet, wobei die spätere Überlieferung aus Ada eine Schwester Karls des Großen gemacht hat. Auch wenn das unzutreffend ist, hat diese Dame vermutlich doch in einer engeren Beziehung zu Karl und der Hofschule gestanden. Inhaltlich sind die Bücher weit überwiegend Evangeliare – Werke mit den Texten aller vier Evangelien –, was sich gut damit erklären lässt, dass Karl dem Großen die liturgischen Handschriften wie Evangeliar, Psalter, Missale (Messbuch) oder Bibel besonders am Herzen lagen, um der Würde des Gottesdienstes und dem Respekt vor dem Wort Gottes gerecht zu werden. Auch nach Karls Tod blühte die Kunst der Prachthandschriften im Frankenreich weiter bis zum Ende des 9. Jahrhunderts.

97. Hat Karl Briefe geschrieben? Im frühen Mittelalter hatten Briefe kaum eine Chance, die Zeiten zu überdauern. Ein einzelnes Blatt konnte leicht verloren gehen, und außerdem war Pergament teuer in der Herstellung, so dass man gern ältere Texte davon abschabte, um es neuerlich verwenden zu können. Mithin bestand die größte «Überlieferungs-Chance» für einen Brief in der Aufnahme in eine Briefsammlung. Solche Sammlungen wurden in der Karolingerzeit wiederholt in Klöstern angelegt, entweder von den Briefautoren selbst oder von ihren Schülern. Daher besitzen wir beispielsweise von Karls Biograph Einhard eine Sammlung seiner Schreiben. Der Reiz dieser Quelle liegt wie bei anderen Briefen darin, dass in ihnen auch ganz alltägliche Dinge behandelt werden und die momentane Stimmung des Briefschreibers erkennbar wird. Einhards deprimierter Brief an einen Schüler nach dem Tod seiner Frau Imma bietet ein sinnfälliges Beispiel dafür.

Karl der Große wird als Absender einer ganzen Reihe von Briefen genannt, aber sicher von ihm stammt nur ein einziger, der allerdings sehr interessant ist; er wurde auf die freie Seite einer Handschrift mit ganz unterschiedlichen Texten geschrieben und ist an Fastrada, Karls vierte Ehefrau, gerichtet. Er muss im September 791 verfasst worden sein, als sie mit den Töchtern in Regensburg geblieben war, während Karl zusammen mit seinem Sohn Karl dem Jüngeren gegen die Awaren zog. Der König berichtet darin von seinem erfolgreichen Kampf gegen die Feinde, sorgt sich um die Gesundheit seiner Frau und beklagt sich darüber, dass er so lange nichts mehr von ihr gehört habe. Dass der Brief in recht schlichtem Latein verfasst ist, spricht dafür, dass wir es mit einem authentischen und sehr persönlichen Zeugnis Karls zu tun haben, das uns einen kleinen Einblick in sein Privatleben gewährt.

98. Wer schrieb einen ‹Bestseller› über Karls Leben? Die erfolgreichste Lebensbeschreibung eines mittelalterlichen Königs ist zweifellos die *Vita Karoli Magni* von Einhard (* um 770 – † 14. 3. 840), der seit ungefähr 796/97 am Hof Karls lebte und zu dessen engen Vertrauten gehörte (siehe Frage 67). In der Forschung ist umstritten, wann Einhard mit seiner Arbeit an der Biographie Karls begann – ob schon bald nach dessen Tod oder erst in den späten 820er Jahren. Als sicher kann aber gelten, dass er zum einen dem von ihm verehrten Herrscher damit ein Denkmal setzen wollte und zum anderen auch dessen Sohn Ludwig den Frommen zu ermahnen suchte, sich am Vorbild seines Vaters als Herrscher zu orientieren. Da Einhard sich wegen der zunehmenden Spannungen zwischen Ludwig und dessen Söhnen enttäuscht vom Hof zurückzog und in seinen Klostergründungen in Michelstadt im Odenwald bzw. in Seligenstadt bei Frankfurt lebte, könnte es gut sein, dass er dort sein Werk verfasst hat, und zwar zwischen 827 und 830.

Heute misst man den Erfolg eines Bestsellers, wie der Name schon sagt, an der Zahl der verkauften Exemplare; im Mittelalter vor Erfindung des Buchdrucks musste man ein Werk in mühsamer Fleißarbeit abschreiben, um ein Exemplar zu besitzen, und so ist die Anzahl der erhaltenen Abschriften zugleich das Indiz für die Verbreitung eines Textes. Von der *Vita Karoli* haben sich über 120 Handschriften erhalten; 105 davon stammen aus dem Mittelalter. Darüber hinaus lässt sich die große Verbreitung der *Vita Karoli Magni* daran ablesen, dass sie in den mittelalterlichen Bibliothekskatalogen vieler Klöster genannt wird, deren Exemplare sich aber nicht erhalten haben. Die zahlreichen Abschriften sind auch der Grund dafür, dass es bis heute keine wirklich kritische Textausgabe von Einhards wichtigstem Werk gibt, die den Forschungsstand angemessen darstellt.

Einhard orientierte sich, wie bereits erwähnt, an den Biographien der antiken römischen Kaiser, die Sueton († um 150 n. Chr.) geschrieben hatte; dies entspricht der Hinwendung der karolingerzeitlichen Autoren zur Antike. Einhard hatte als Vorlage für seine eigene Darstellung ein damals weitgehend unbekanntes Werk verwendet, von dem immerhin im Kloster Fulda eine Handschrift vorlag, die er benutzen konnte. In Fulda hatte Einhard seine Ausbildung erhalten. Trotz seines antiken Vorbilds zeichnet Einhard ein individuelles Portrait Karls, sowohl was dessen Aussehen, seine Gewohnheiten als auch seine Taten betrifft, denn er weicht immer wieder von der Gliederung der Kaiserviten Suetons ab. Während die ältere Forschung Einhards Biographie für unbedingt glaubwürdig hielt, hat man in den letzten Jahrzehnten stärker herausgearbeitet, welche Dinge er übergangen oder ausgelassen hat, und man sprach vom «hofhistoriographischen Euphemismus Einhards». Es gibt auch Ereignisse aus Karls Leben, über die Einhard gar nicht berichtet, entweder weil er darüber tatsächlich nichts wusste oder nichts sagen wollte. So erfahren wir beispielsweise in dieser Lebensbeschreibung nichts über Karls Jugend, und auch seine Herrschaft über die Kirche wird ausgespart.

Ganz sicher aber hat Einhards Werk erheblich dazu beigetragen, dass die Erinnerung an Karl den Großen nicht nur in der Karolingerzeit, sondern im ganzen Mittelalter lebendig blieb.

99. Wer schrieb ein Werk über Karls Taten, das erst mit Verspätung ein Erfolg wurde?

In den Klöstern Alemanniens interessierte man sich offenbar während des gesamten 9. Jahrhunderts stark für Karl den Großen: Um 824 zeichnete der Mönch Heito von der Reichenau die *Visio Wettini* auf, die Jenseitswanderung des Mönches Wetti, der dort auch Karl gesehen haben will (siehe Fragen 24 und 88), und um 840 redigierte der Mönch Walahfrid Strabo («der Schieler») Einhards *Vita Karoli*, indem er sie mit einer Vorrede versah und in Kapitel einteilte.

Am ausführlichsten aber beschäftigte sich der Mönch Notker von Sankt Gallen (* um 840 – † 6.4.912) mit dem Beinamen Balbulus («der Stammler») mit Karl, denn er begann am Anfang der 880er Jahre für den Urenkel Karls des Großen, Kaiser Karl III. (876–887/88), ein auf drei Bücher konzipiertes Werk, die *Gesta Karoli Magni* (Taten Karls des Großen). Nach dem Sturz Karls im November 887 brach er aber anscheinend die Arbeit ab, so dass heute nur zwei Bücher bekannt sind. Erstaunlich ist, dass die älteste erhaltene Abschrift des Werkes nicht vom Ende des 9. Jahrhunderts, sondern erst aus dem 12. Jahrhundert stammt; dann aber wurden die *Gesta* bis zum Ende des Mittelalters immer wieder kopiert, so dass es insgesamt immerhin 20 mittelalterliche Handschriften gibt; für ein historiographisches Werk dieser Epoche ist das eine hohe Zahl.

Das verspätete Interesse an den *Gesta* Notkers dürfte nicht zuletzt damit zusammenhängen, dass Karl der Große inzwischen durch seine Heiligsprechung, seinen Kult in Aachen und sein ‹literarisches Nachleben› populär geworden war.

Inhaltlich unterscheiden sich die *Gesta* stark von der Vita Einhards; sie bilden keine Biographie aus dem Blickwinkel eines Augenzeugen, sondern belegen die offenbar bereits weit gediehene Legendenbildung um Karl, denn Notker berichtet viele mehr oder weniger glaubwürdige Anekdoten über den König und stilisiert ihn zum idealen christlichen Herrscher, der die Bischöfe seines Reiches maßregelt, wenn es nötig erscheint (siehe Frage 62), und sogar die Schulen in den

Klöstern besucht (siehe Frage 66), um zu kontrollieren, ob der Nach-wuchs für die Bischofssitze und Abteien auch gut ausgebildet wird.

So wie in Einhards *Vita* unausgesprochen ein Vergleich zwischen Karl und seinem Sohn Ludwig steckt, schwingt in Notkers *Gesta* un-ausgesprochen der Vergleich mit Karls Enkel Ludwig dem Deut-schen und Karls Urenkel Karl III. mit. Notkers Sprache ist allerdings schwerer verständlich als die Einhards, was auch zu der späten und geringeren Verbreitung des Werkes beigetragen haben mag.

100. Gab es eine offiziöse Berichterstattung über die karolingische Familie und ihre Herrschaft? Das Bild Karls in der historiogra-phischen Überlieferung kam nicht ohne seine Mitwirkung zustande. Dies zeigen besonders deutlich die Reichsannalen (*Annales regni Francorum*) und die älteren Metzer Annalen (*Annales Mettenses priores*).

Entwickelt hat sich diese Form der Geschichtsschreibung aus den sogenannten Ostertafeln, den in den Klöstern vorhandenen Tabellen, auf denen das (bewegliche) Osterfest für die nächsten Jahre voraus-berechnet war und an deren Ränder man wichtige Ereignisse der Reichs- oder der eigenen Klostergeschichte aufzuschreiben begann. Im Laufe der Zeit verselbständigten sich diese ursprünglich kurzen Notizen zu längeren Jahresberichten und wurden zu einer für die Karolingerzeit wichtigen Gattung der erzählenden Quellen.

Die Reichsannalen, die aus dem Umfeld des Hofes stammen und Berichte für die Jahre von 741 bis 829 liefern, sind vielleicht nach 790 in Aachen entstanden, als Karl dort seinen Herrschersitz etablierte. Ihre Verfasser sind bestrebt, das Bild einer harmonisch verlaufenden karolingischen Familiengeschichte zu bieten und haben dabei einige Fakten verzerrt dargestellt. Ob sie tatsächlich bewusst kopiert und im Reich verteilt wurden, um die karolingische Sicht auf die Ereig-nisse zu verbreiten, ist eine ansprechende, aber nicht beweisbare Ver-mutung. Die Forschung hat inzwischen die Entstehung der Berichte geklärt, und zwar sind die Einträge zum Zeitraum von 741, also dem Tod Karl Martells, bis 788/95 gewissermaßen rückblickend erst nach 790 geschrieben worden, während die Ereignisse von 808 bis 829 jahrweise entstanden sind, so wie es bei vielen Annalen üblich war.

Auf die Reichsannalen zurückgegriffen hat der Verfasser der soge-nannten Einhardsannalen, die erst nach dem Tod Karls entstanden sind und früher als ein Werk Einhards angesehen wurden. Dies ist aber inzwischen widerlegt. Der anonyme Autor hat die Jahresberichte bis 801 überarbeitet und dabei auch von Fehlschlägen Karls berichtet; möglicherweise hat er dann auch noch die Berichte für die Jahre 809 bis 829 geschrieben.

Die älteren Metzer Annalen erhielten ihren Namen bereits 1641 vom ersten Herausgeber der sogenannten jüngeren Metzer Annalen, der annahm, das Werk sei in der Stadt Metz entstanden, weil der Stammvater der Karolinger, der heilige Arnulf von Metz, in diesem Werk besonders gerühmt wurde und weil die damals aufgefundene mittelalterliche Handschrift von dort stammte. In die jüngeren Metzer Annalen sind die Berichte über die Zeit Karls des Großen aber nur teilweise aufgenommen worden. Erst 1895 entdeckte man in der Bibliothek der Kathedrale von Durham in England eine Abschrift aus dem 12. Jahrhundert, die den vollständigen Text für die Jahresberichte von 678 bis 805 enthält. Für die Darstellung der Ereignisse wurde neben anderen Quellen zwar ebenfalls auf die Reichsannalen zurückgegriffen, es sind jedoch auch Informationen enthalten, die eine gute Nachrichtenverbindung direkt zum Königshof zeigen. Als Entstehungsort des Werkes ist inzwischen das alte Königskloster Chelles bei Paris gesichert, wo nicht nur Karls Schwester Gisela als Nonne lebte, sondern nach 800 auch Karls älteste Tochter Rotrud. Die Verfasserschaft einer Frau ist erwogen worden, lässt sich aber nicht beweisen. Die Annalen stellen den Aufstieg der karolingischen Familie zum Königtum seit der späten Merowingerzeit dar und lassen in stilistischer Hinsicht durch Anlehnung an heidnische Klassiker den Einfluss bzw. Erfolg der karolingischen Renaissance erkennen.

Von diesen großen Annalenwerken zur Geschichte Karls des Großen abgesehen, gibt es eine Fülle kleiner und regionaler Annalen aus verschiedenen Klöstern des Karolingerreiches, denen wir mitunter wichtige Detailinformationen verdanken, die teilweise auch auf Kontakte zum Hof zurückgehen dürften.

101. Hat Karl überhaupt gelebt? Vor einigen Jahren hat Heribert Illig ein Buch geschrieben, das erstaunlicherweise zu einem Bestseller geworden ist und in dem er die Behauptung aufstellt, dass die Ereignisse der Jahre zwischen 614 und 911, also fast 300 Jahre Mittelalter, erfunden seien und Karl der Große nie gelebt hätte. Er verweist zur Begründung unter anderem auf die wenigen tatsächlich noch vorhandenen baulichen Überreste. Die in großer Zahl vor allem aus dem 8. und 9. Jahrhundert stammenden schriftlichen Zeugnisse tut er als Fälschungen ab. Bei diesen Fälschungen handelt es sich aber nicht um einige wenige Schriftstücke, die eine Gruppe von Fälschern in kurzer Zeit hätte abfassen können, sondern in Wahrheit – vor allem, wenn man nicht nur die Lebenszeit Karls betrachtet, sondern die ganze karolingische Epoche bis 911 – um eine geradezu riesige Anzahl von Handschriften, nämlich ca. 10 000 Manuskripte, die meist mehrere Hundert eng beschriebene Blätter umfassen. Eine große Zahl von ihnen hat Bernhard Bischoff in einem mehrbändigen Katalog beschrieben und genau datiert.

Auch ein anderes Argument Illigs ist nicht durchschlagend: Er meint, dass die Widersprüche in den Quellen sich am ehesten erklären lassen, wenn man davon ausgeht, dass alle diese Texte später von einer Gruppe von Fälschern hergestellt worden seien. Es ist aber genau umgekehrt: Ein Fälscherteam hätte mit Sicherheit darauf geachtet, in den von ihm verfassten Schriften möglichst wenig Widersprüche auftreten zu lassen. Künstlich solche schwer miteinander zu vereinbarenden Tatsachenbehauptungen zu konstruieren, wäre äußerst schwierig.

Abschließend sei darauf hingewiesen, dass die Nachrichten über Karl und die Ereignisse seiner Regierungszeit nicht nur Quellen aus seinem eigenen Reich entstammen, sondern auch in Quellen aus dem fernen Ausland zu finden sind (England, Spanien und Byzanz). Wie aber hätten Autoren des 10. Jahrhunderts alle diese Texte gefälscht haben sollen?

Quellen mit deutscher Übersetzung

Annales regni Francorum (Fränkische Reichsannalen), hg. von Friedrich Kurze (1895); dt. Übersetzung in: Quellen zur karolingischen Reichsgeschichte, hg. von Reinhold Rau 1 (1955) S. 9–155

Einhard, Vita Karoli Magni. Das Leben Karls des Großen. Lateinisch und deutsch (Reclam 1968 u. ö.)

Notker, Gesta Karoli Magni, hg. von Hans Frieder Haefele (1959); dt. Übersetzung in: Quellen zur karolingischen Reichsgeschichte, hg. von Reinhold Rau 3 (1960) S. 321–427

Literaturhinweise

Sigurd Abel/Bernhard von Simson, Jahrbücher des deutschen Reiches unter Karl dem Großen, 2 Bde. (2. Aufl. 1888)

Matthias Becher, Karl der Große (6. Aufl. 2014)

Walter Berschin, Biographie und Epochenstil im lateinischen Mittelalter, Bd. 3: Karolingische Biographie, 750–920 n. Chr. (1991)

Donald Bullough, Karl der Große und seine Zeit (1965 u. ö.)

Peter Classen, Karl der Große, das Papsttum und Byzanz. Die Begründung des karolingischen Kaisertums, hg. von Horst Fuhrmann und Claudia Märtl (1985)

Franz-Reiner Erkens (Hg.), Karl der Große und das Erbe der Kulturen (2001)

Peter Godman/Jörg Jarnut/Peter Johanek (Hg.), Am Vorabend der Kaiserkrönung (2002)

Dieter Hägermann, Karl der Große, Herrscher des Abendlandes. Biographie (2000)

Florian Hartmann, Hadrian I. (772–795). Frühmittelalterliches Adelspapsttum und die Lösung Roms vom byzantinischen Kaiser (2006)

Martina Hartmann, Die Königin im frühen Mittelalter (2009)

Wilfried Hartmann, Karl der Große (2010)

Pierre Riché, Die Welt der Karolinger (dt. 1981)

Rudolf Schieffer, Die Karolinger (Neuaufl. 2013)

Matthias Springer, Die Sachsen (2004)

Christoph Stiegemann/MatthiasWemhoff (Hg.), 799. Kunst und Kultur der Karolingerzeit, 3 Bde. (Katalog der Ausstellung in Paderborn 1999)

Bild- und Kartennachweis

S. 21:	bpk, RMN – Grand Palais/Jean-Gilles Berizzi
S. 25, 125:	Autoren
S. 32:	ullstein bild/Archiv Gerstenberg
S. 52:	Aus Wilfried HARTMANN, Karl der Große (2010), S. 79
S. 57:	Aus W. HARTMANN, S. 118
S. 63:	bpk/Münzkabinett, SMB/Lutz Jürgen Lübke
S. 65, 132:	akg-images
S. 77:	Album/Prisma/akg-images
S. 84:	Aus W. HARTMANN, S. 209 (Rom, Vatikanische Bibliothek, Hs. Vat. Barb. lat. 2062, fol. 61r)
S. 86:	bpk/Lutz Braun
S. 94:	Aus Donald BULLOUGH, Karl der Große und seine Zeit (1979), S. 202 (St. Paul, Kärnten, Cod. XXV, 4.8, fol. 1v)
S. 98:	akg-images/VISIOARS
S. 106:	Aus Dieter HÄGERMANN, Karl der Große. Herrscher des Abendlandes (2000), Abb. 25 (Seligenstadt, Landschaftsmuseum)
S. 108:	W. HARTMANN, S. 14 (Rom, Vatikanische Bibliothek, Hs. Vat. Reg. lat. 339, fol. 19v)
S. 119:	Burgerbibliothek Bern
S. 136:	Photo: Michael Jeiter
S. 139:	Kunsthistorisches Museum Wien
S. 141:	bpk/Scala

Die Karten wurden von Angelika Solibieda, Cartomedia, gefertigt.

Zeittafel

481/82–511	König Chlodwig I., Gründer des Frankenreichs
613	Chlothar II. (597–629) einigt das Frankenreich unter Mithilfe Arnulfs von Metz und Pippins des Älteren
614–629	Arnulf Bischof von Metz
vor 625	Pippin der Ältere wird Hausmeier in Austrasien († 639)
629	Arnulf zieht sich ins Kloster Remiremont (Vogesen) zurück († um 640)
679	Pippin der Mittlere wird Hausmeier in Austrasien
687	Sieg Pippins bei Tertry: er wird alleiniger Hausmeier im Frankenreich († 714)
711	Araber erobern das Reich der Westgoten in Spanien
717/18	Beginn der Alleinherrschaft des Hausmeiers Karl Martell
732	Karl Martells Sieg über die Araber
741	Tod Karl Martells; Beginn der Herrschaft seiner Söhne Pippin der Jüngere und Karlmann über das Frankenreich als Hausmeier
747	Abdankung Karlmanns; Pippin alleiniger Hausmeier
748	2. April: Geburt Karls des Großen
751	Königserhebung Pippins; Geburt Karlmanns
754	Papst Stephan II. im Frankenreich; Königssalbung Karls und Karlmanns; erster Zug Pippins gegen die Langobarden
756	Zweiter Zug Pippins gegen die Langobarden
765	Pippin feiert Weihnachten in Aachen
768	Tod Pippins, Nachfolger: seine Söhne Karl und Karlmann
771	Tod Karlmanns; Karl der Große wird Alleinherrscher
772	Hochzeit Karls mit Hildegard; erster Zug gegen die Sachsen, Zerstörung der Irminsul; Hadrian I. wird Papst († 795)
773/74	Eroberung des Langobardenreichs; erster Rombesuch Karls; Aufstand in Sachsen
775	Feldzug gegen die Sachsen
777	Sachsen scheint besiegt; Reichsversammlung in Paderborn
778	Zug nach Spanien (Niederlage bei Roncesvalles); Aufstand in Sachsen unter Widukind
781	Zweiter Romzug, Karls Söhne Pippin und Ludwig werden von Papst Hadrian zu Königen von Aquitanien bzw. Italien gesalbt
782	Erneuter Aufstand der Sachsen unter Widukind; Blutgericht von Verden
783	Neue Kämpfe in Sachsen; Tod Hildegards, Heirat mit Fastrada
785	Taufe Widukinds in Attigny; Verschwörung der Thüringer gegen Karl

Personenregister

Chlodwig I., merow. Kg. 62
Chrodechilde, merow. Kg.in 12
Cicero, antiker Autor 107

Dänen 116, 120
Dagobert I., merow. Kg. 27, 64
Dagulf, Hofkünstler 143
David, bibl. Kg. 106
Desiderius, langob. Kg. 69, 90
Desideriustochter, 2. Ehefrau Karls
    d. Gr. 40 f.
Drogo, Bf. v. Metz u. Sohn Karls
    d. Gr. 28, 42 f., 45
Dürer, Albrecht 142

Eardulf, Kg. v. Northumbrien 115
Ebo, Ebf. v. Reims 89
Ecgfrith, Sohn Offas v. Mercia 115
Edward der Bekenner, engl. Kg. 123
Egbert, Kg. v. Wessex 115
Einhard, Geschichtsschreiber 15,
    19–21, 30, 33, 36–38, 42–52, 65 f.,
    75, 83, 85, 94, 97, 100 f., 103–106,
    112, 118, 123, 133 f., 138, 142,
    144–147
Elipandus, Ebf. v. Toledo 92
Elissaeus, byz. Eunuch 117
Engern 72
Erich v. Friaul, Markgraf 76
Eudo, Hzg. v. Aquitanien 30
Eusebius v. Caesarea 82

Fastrada, 4. Ehefrau Karls d. Gr.
    16, 41–44, 48, 66 f., 96, 133 f.,
    144
Felix und Regula, Heilige 126
Felix, Bf. v. Urgell 92
Franken 26
Friedrich I. Barbarossa, Ks. 51, 99,
    123 f., 130
Friedrich II., Ks. 52, 124
Friesen 26, 123
Fulrad, Kaplan 31

Gerok, Karl v., Dichter 101
Gerold, Schwager Karls d. Gr. 16, 71
Gisela, Schwester Karls d. Gr. 16,
    117, 133, 148
Gisela, Tochter Karls d. Gr. 47, 50
Godescalc, Hofkünstler 142 f.
Goten 128
Gotfrid, Kg. v. Dänemark 116
Gottfried v. Viterbo, Dichter 34
Gregor d. Gr., Papst 109
Gregor v. Tours, merow. Autor 109
Griechen 82

Habsburger 121
Hades, Gott d. Unterwelt 51
Hadrian I., Papst 40, 48, 69, 81,
    90–92, 100
Hardrad, Graf 65
Hartnid, Bruder Nithards 47, 105,
    113, 133 f.
Harun-ar-Raschid, Kalif 117, 119 f.,
    142
Heinrich I., Kg. 99, 142
Heinrich IV., Kg. u. Ks. 141
Heinrich d. Löwe, Hzg. 122
Heito, Mönch v. Reichenau 146
Hieronymus, Kirchenvater 82, 109
Hildegard, 3. Ehefrau Karls d. Gr.
    16, 41–44, 46–48, 67, 142
Hildegard, Tochter Karls d. Gr. 44 f.
Himiltrud, 1. Ehefrau
    Karls d. Gr. 41
Homer, antiker Dichter 106
Honorius, röm. Ks. 80
Horaz, antiker Dichter 106
Hrabanus Maurus,
    Ebf. v. Mainz 104 f.
Hugo v. St-Quentin,
    Sohn Karls d. Gr. 43, 45

Illig, Heribert 148 f.
Imma, Ehefrau Einhards 134,
    144

Ortsregister